Oliver Boyn

DAS POLITISCHE BERLIN

Der historische Reiseführer

W0041649

Ch. Links Verlag, Berlin

MACHTZENTRALEN DER POLITIK

Präsident, Parlament und Regierung

Invalidenstr.

Brunnenstr.

Fehrbelliner Str.

Rosenthaler Platz
Ⓤ

Rosenthaler Str.

Torstr.

Torstr.

Rosa-Luxemburg-Platz
Ⓤ

Ⓤ *Weinmeisterstraße*

Ⓢ Oranienburger Str.

19

Hackescher Markt
Ⓢ
23

MONBIJOUPARK

DB
Ⓢ
Ⓤ
Bahnhof Alexanderplatz

Spandauer Str.

MITTE

Berliner Dom
5

12

2

31 **1**

Schlossplatz
9

Unter den Linden

23

10

15
16

25

Mühlendamm

45

Brüderstraße

7

Ⓤ
Hausvogteiplatz

16

17

Spittelmarkt
Ⓤ

27

KREUZBERG

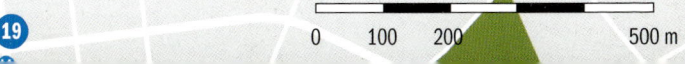

0   100   200   500 m

19

BENUTZERHINWEISE FÜR DEN POLITISCH-HISTORISCHEN STADTFÜHRER

Legende und Symbole

→ Adresse
Ⓢ Ⓤ S- und U-Bahn-Station
🕐 Öffnungszeiten

Besuche im Deutschen Bundestag und in den Bundesministerien

Der Besuch der Dachterrasse und Kuppel des Reichstagsgebäudes ist täglich von 8 bis 24 Uhr ohne Anmeldung möglich (letzter Einlass um 22 Uhr), rechter Eingang Westportals (West B)
Tipp: Um allzu lange Wartezeiten zu vermeiden, empfiehlt sich ein Besuch früh morgens oder am späten Abend.
Ein Besuch im Inneren des Reichstagsgebäudes ist nur im Rahmen einer Führung (wird in mehreren Sprachen angeboten) durch den Besucherdienst des Bundestages möglich. Hier für ist eine frühzeitige schriftliche Anmeldung erforderlich.
Der Bundesrat, das Bundeskanzleramt sowie die einzelnen Bundesministerien bieten Informationsveranstaltungen zu ihrer Arbeit an. Auch hier sind schriftliche Anmeldungen erforderlich. Einmal im Jahr besteht die Möglichkeit, Schloss Bellevue, den Bundesrat, das Bundeskanzleramt sowie die einzelnen Bundesministerien am „Tag der offenen Tür" zu besichtigen.

Öffentlicher Nahverkehr

Das Berliner Nahverkehrsnetz besteht aus 1626 Kilometern Buslinie, 286 Kilometern Tramstrecke sowie 477 Kilometern S- und U-Bahn-Gleisen. Informationen über U-Bahn, S-Bahn, Straßenbahn (Tram) sowie Busverbindungen sind an allen Haltestellen zu finden. Kostenlose Auskünfte und Fahrpläne bekommt man in allen Regional- und Fernbahnhöfen. Fahrkarten können an Automaten auf allen Bahnsteigen, in jeder Straßenbahn oder an den Schaltern der großen Bahnhöfe gekauft werden.

Deutsche-Bahn-Mietfahrräder

Entlang der Straßen und an manchen Plätzen stehen silber-rot-lackierte Fahrräder mit dem DB-Logo, die frühere Nutzer dort abgestellt haben. Man muss die am Rad vermerkte Nummer anrufen, mit EC- oder Kreditkarte zahlen, die übermittelte Nummer eingeben und kann dann die Stadt erkunden.

Velo-Taxi

Die umweltfreundlichen Fahrrad Taxen warten u. a. direkt am Reichstagsgebäude auf ihre Kunden. Ansonsten können Sie jederzeit an allen Straßen und Ecken ein freies Velo-Taxi besteigen.

IMPRESSUM

Die Deutsche Nationalbibliothek verzeichnet diese Publikation in der Deutschen Nationalbibliografie; detaillierte bibliografische Daten sind im Internet über http://dnb.d-nb.de abrufbar.
1. Auflage, April 2008 © Christoph Links Verlag – LinksDruck GmbH
Schönhauser Allee 36, 10435 Berlin, Tel.: (030) 44 02 32-0
Internet: www.linksverlag.de; mail@linksverlag.de
Umschlaggestaltung: ansichtssache – Büro für Gestaltung, Berlin, unter Verwendung eines Fotos von Paul Glaser
Gestaltung, Satz und Repro: Ulrike Nießner, Potsdam
Druck und Bindung: Bosch-Druck, Landshut
ISBN 978-3-86153-475-4

DER BUNDESPRÄSIDENT

Staatsoberhaupt der Bundesrepublik Deutschland ist der Bundespräsident. Das Grundgesetz schränkt jedoch die Macht des Bundespräsidenten im politischen System stark ein. So hat das Staatsoberhaupt vor allem repräsentative Aufgaben im In- und Ausland zu erfüllen. Es prüft und beurkundet die vom Bundestag beschlossenen Gesetze und verkündet sie, schlägt dem Parlament den Bundeskanzler zur Wahl vor und ernennt auf dessen Vorschlag auch die Minister.

1 Schloss Bellevue – Sitz des Bundespräsidenten

→ *Spreeweg 1, 10557 Berlin,*
🅂 *Bellevue*

Direkt am Spreeufer und unweit der Siegessäule befindet sich mitten im Tiergarten das Schloss Bellevue. Seit 1994 ist das Gebäude erster Amtssitz des Bundespräsidenten. König Friedrich Wilhelm I. von Preußen übertrug das Grundstück, auf dem heute das Schloss steht, im Jahr 1710 den Hugenotten und erteilte ihnen den Auftrag, dort eine Maulbeerplantage einzurichten, um die Seidenraupenzucht in Preußen einzuführen. Nach dem Scheitern dieses Vorhabens ging das Grundstück 1743 in den Besitz des königlichen Baumeisters Wenzeslaus von Knobelsdorff über. Dieser errichtete dort ein Wohnhaus – die sogenannte Knobelsdorffsche Meierei. 1784 kaufte Prinz Friedrich August Ferdinand von Preußen, der jüngste Bruder von Friedrich dem Großen, das Grundstück und ließ dort in den Jahren 1784 bis 1787 vom Architekten Michael Philipp Boumann das Schloss Bellevue als Sommerresidenz errichten. August Ferdinand bewohnte mit seiner Familie von 1785 bis zu seinem Tod im Jahr 1813 das Schloss. Mit der Zeit wurde es zum Mittelpunkt des gesellschaftlichen Lebens in der preußischen Hauptstadt. Nach der Niederlage Preußens gegen Frankreich und dem Einzug Napoleons in Berlin 1806 empfing Prinz Ferdinand den französischen Kaiser im

Schloss Bellevue. Schloss und Park blieben bis 1918 im Besitz der Hohenzollern. Von 1935 bis 1938 diente der Bau als Völkerkundemuseum. Danach wurde das Schloss von den Nationalsozialisten als „Reichsgästehaus" genutzt. Im Zweiten Weltkrieg wurde das Schloss Bellevue schwer beschädigt. Ab 1955 begann man mit dem Wiederaufbau des Schlosses, und 1959 wurde es offiziell von Bundespräsident Theodor Heuss eingeweiht; es diente ihm fortan als zweiter Dienstsitz. Aufgrund des Viermächteabkommens durfte der Bundespräsident jedoch im Schloss bis 1990 keine Amtshandlungen ausüben. 1986 und 1987 wurde das Schloss gründlich renoviert und teilweise neu gestaltet. Ziel war es, das Innere dem Charakter des äußeren historischen Erscheinungsbildes anzupassen. Im Frühjahr 1993 verkündete der damalige Bundespräsident Richard von Weizsäcker seinen Entschluss, 1994 in Berlin den ersten Dienstsitz einzurichten. Sein Amtsnachfolger Roman Herzog war der bisher einzige Bundespräsident, der auch selbst im Schloss wohnte. Er soll seinen Amtssitz wegen des schlechten technischen Zustandes und häufiger Pannen ironisch als „Bruchbude" bezeichnet haben. 2004 wurde eine Sanierung der technischen Ausstattung begonnen. Während dieses Zeitraumes bezog der Bundespräsident in einem Seitenflügel des Charlottenburger Schlosses sein Quartier. Schloss Bellevue hat insgesamt acht Repräsentationsräume. Sie befinden sich im ersten Obergeschoss des Mittelbaus. Der Große Saal wird für Empfänge, Staats-

Regierungsviertel am Spreebogen

Schloss Bellevue – Amtssitz des Bundespräsidenten in den 1980er Jahren

Bundespräsidialamt, gut versteckt im Tiergarten

Bundespräsident bzw. Bundespräsidentin können alle Deutschen werden, die das 40. Lebensjahr vollendet haben. Das Staatsoberhaupt wird von der Bundesversammlung für fünf Jahre gewählt und kann nur einmal wiedergewählt werden. Die Bundesversammlung ist die größte parlamentarische Zusammenkunft der Bundesrepublik Deutschland. Ihre einzige Aufgabe besteht darin, den Bundes-

Die Bundespräsidenten der Bundesrepublik Deutschland

Heinrich Lübke
CDU (1959 – 1969)

Walter Scheel
FDP (1974 – 1979)

Theodor Heuss
FDP (1949 – 1959)

Gustav Heinemann
SPD (1969 – 1974)

Karl Carstens
CDU (1979 – 1984)

essen und kulturelle Veranstaltungen genutzt. Einziger original restaurierter Raum des Schlosses ist der „Langhanssaal". In diesem einstigen Tanzsaal finden heute bei großen Veranstaltungen Begrüßung und Defilee statt. 20 Hektar umfasst der Schlosspark, und er galt vor dem Zweiten Weltkrieg als eine der schönsten Grünanlagen der Stadt. Der westliche Teil des Parks ist im Stil eines englischen Gartens gestaltet. Er wurde in den 50er Jahren mithilfe von Spenden des englischen Königshauses neu gestaltet und ist öffentlich zugänglich.

2 Das Bundespräsidialamt
→ *Spreeweg 1, 10557 Berlin,*
Ⓢ *Bellevue*

In seiner Arbeit wird der Bundespräsident vom Bundespräsidialamt unterstützt. Das Amt ist in Abteilungen für Inlands-, Auslands- und Zentralangelegenheiten, ein Pressereferat, ein Bürgerbüro sowie das Persönliche Büro des Bundespräsidenten gegliedert und hat planende wie beratende Funktionen. Der Amtsleiter darf an den Kabinettssitzungen der Bundesregierung teilnehmen. Da die Unterbringung des gesamten Bundespräsidialamtes im Schloss Bellevue aus Platzgründen nicht möglich war, plante man in unmittelbarer Nähe ein modernes Bürogebäude. 1994 wurde ein europaweiter Architekturwettbewerb ausgeschrieben. Der Jury war wichtig, dass sich der neue Komplex dezent und unauffällig in den Tiergarten einfügt und nicht architektonisch mit dem Sitz des Bundespräsidenten konkurriert. Im Februar 1995 entschied sich der damalige Bundespräsident Roman Herzog für den „Oval Office"-Entwurf der Architekten Martin Gruber und Helmut Kleine-Kraneburg. Die Bauarbeiten wurden im Jahr 1996 begonnen und 1998 abgeschlossen. Bei dem neu entstandenen Präsidialamt handelt es sich um einen elliptischen Baukörper aus schwarzem Granit. „Wir wollten den Eindruck des Schlosses schonen – das geht am besten mit einem Gebäude, das keine Ecken hat", so die Architekten. Das gesamte Gebäude ist mit einem Glasdach überwölbt. Im Erdgeschoss und den drei Obergeschossen sind 120 Büros sowie Konferenzräume untergebracht. Rund 170 Mitarbeiter haben hier ihren Arbeitsplatz. Das Bundespräsidialamt wird wegen seiner Erscheinungsform im Volksmund auch „Präsidenten-Ei" genannt. Rund 200 Meter trennen das versteckte Bundespräsidialamt vom Schloss; es existiert keine unterirdische oder überdachte Verbindung zwischen den Gebäuden.

präsidenten zu wählen. Sie wird gebildet aus den Mitgliedern des Bundestages und einer gleichen Anzahl von Delegierten, die von den Landesparlamenten entsprechend der Fraktionsstärke entsandt werden. Oft sind es Landtagsabgeordnete, Kommunalpolitiker und Persönlichkeiten des öffentlichen Lebens. Bundespräsident wird, wer die Mehrheit der Stimmen der Bundesversammlung erhält.

Richard von Weizsäcker
CDU (1984 – 1994)

Johannes Rau
SPD (1999 – 2004)

Roman Herzog
CDU (1994 – 1999)

Horst Köhler
CDU (seit 2004)

DER DEUTSCHE BUNDESTAG

Der Deutsche Bundestag ist die Volksvertretung der Bundesrepublik Deutschland. Die Mitglieder des Bundestages (MdB) werden für jeweils vier Jahre vom deutschen Volk gewählt. Zu den wichtigsten Funktionen des Parlaments gehören die Wahl (oder auch Abwahl) des Bundeskanzlers, die Kontrolle der Bundesregierung und der ihr unterstellten Verwaltungen (Ministerien), die Gesetzgebung des Bundes und die Verabschiedung des Bundeshaushaltes. Dem Bundestag steht der Präsident des Deutschen Bundestages vor. Seine wichtigste Funktion besteht in der Leitung der Bundestagssitzungen.

3 Reichstagsgebäude –
Sitz des Deutschen Bundestages
→ *Platz der Republik 1, 11011 Berlin,*
🚇 *Unter den Linden*

Zu den markantesten und interessantesten Sehenswürdigkeiten Berlins zählt das Reichstagsgebäude. Seit 1999 ist es Sitz des Deutschen Bundestages. Nachdem Berlin im Jahr 1871 zur neuen Hauptstadt des Deutschen Reiches bestimmt worden war, begab man sich auf die Suche nach einem repräsentativen Ort für das Parlament, das bisher provisorisch in der Leipziger Straße in einem Gebäude der Königlichen Porzellan-Manufaktur Quartier bezogen hatte. Auf einem auch als Exerzierplatz genutzten Areal in der Nähe des Brandenburger Tores wurde nach Plänen des Architekten Paul Wallot 1884 bis 1894 der

140 Meter lange und fast 100 Meter breite Reichstag errichtet. Schon während der Bauarbeiten tauchten die ersten Probleme auf: Auf Wunsch von Kaiser Wilhelm II. musste der Kuppelbau niedriger ausfallen als der des Berliner Schlosses, und die Inschrift „DEM DEUTSCHEN VOLKE" konnte erst 1916 angebracht werden, weil sie dem Kaiser zu demokratisch erschienen war. Er bezeichnete den Bau „als Gipfel der Geschmacklosigkeit" seine Wertschätzung für den Parlamentarismus drückte er aus, indem er den Reichstag als „Reichsaffenhaus" bezeichnete. Nach Ende des Ersten Weltkrieges proklamierte hier am 9. November 1918 der Sozialdemokrat Philipp Scheidemann vom Fenster des Zeitschriftenlesesaals aus die „Deutsche Repu-

Flugzeugwrack im Tiergarten, Mai 1946. Im Hintergrund ist die Ruine des Reichstages zu erkennen.

blik". In der Nacht vom 27. auf den 28. Februar 1933, vier Wochen nach Hitlers Ernennung zum Reichskanzler, wurde das Bauwerk durch einen Brand zerstört. Ein Kriminalfall, der bis heute ungeklärt ist. Für die Nationalsozialisten bot die Tat einen willkommenen Vorwand, hunderte Kommunisten und Sozialisten zu verhaften. Die schon einen Tag später in Kraft getretene „Verordnung zum Schutz von Volk und Staat" setzte die Grundrechte außer Kraft und zementierte die nationalsozialistische Terrorherrschaft. Das entmachtete Parlament, in dem seit Juli 1933 nur noch nationalsozialistische Abgeordnete vertreten waren, wich in die gegenüberliegende Krolloper aus. Der teilweise wiederhergestellte Reichstag diente den Nazis als Ausstellungsgebäude. Hier wurden Modelle von Albert Speers geplanter „Welthauptstadt Germania" gezeigt. Bei der Einnahme Berlins

> *„Der Umzug nach Berlin ist auch eine Rückkehr in die deutsche Geschichte, an den Ort zweier deutscher Diktaturen, die großes Leid über die Menschen in Deutschland und Europa gebracht haben."* (Bundeskanzler Gerhard Schröder in seiner Regierungserklärung am 19.4.1999 vor dem Deutschen Bundestag im Reichstagsgebäude)

sah die Sowjetarmee das Reichstagsgebäude jedoch als ein Schlüsselsymbol des NS-Regimes an und hisste am 30. April 1945 die Rote Fahne auf dem Südwestturm. Kurze Zeit später wurde sie für Fotografen und Kameraleute nochmals dort oben angebracht. Nach 1945 stand die Ruine in einer von Trümmern geprägten Umgebung. Das Areal diente der Bevölkerung als Anbaufläche für Kartoffeln und Gemüse. 1954 wurde die Kuppel wegen Einsturzgefahr gesprengt. Ein Jahr später beschloss der Bundestag in Bonn die Wiederherstellung des Bauwerks. Von da an wurde im Gebäude die Ausstellung „Fragen an die Deutsche Geschichte" gezeigt. Während der deutschen Teilung verlief die Mauer unmittelbar an der Ostseite des Reichstagsgebäudes. Mit dem Fall der Mauer rückte der Reichstag wieder in das Zentrum Berlins. In der Nacht vom 2. auf den 3. Oktober 1990 fand dort der Festakt zur Wiedervereinigung statt. Am 4. Oktober trat im Reichstagsgebäude der um 144 ehemalige Volkskammer-Abgeordnete erweiterte ge-

Am 28.2.1933 stand der Reichstag in Flammen.

Plakat der NSDAP anlässlich des Reichstagsbrandes, 1933

samtdeutsche Bundestag zu seiner ersten Sitzung zusammen. Nach der ersten gesamtdeutschen Bundestagswahl am 2. Dezember 1990 fand hier am 20. Dezember die konstituierende Sitzung des Bundestages statt. Der Akt hatte symbolischen Charakter, da sich der eigentliche Parlamentssitz noch in Bonn befand. Im Juni 1991 entschied sich der Bundestag in Bonn mit knapper Mehrheit für einen Umzug des Parlaments an die Spree. Bevor die Umbauarbeiten begannen, bekam das Künstlerpaar Christo und Jeanne-Claude die Gelegenheit, sein Projekt „Verhüllter Reichstag" zu realisieren. Für zwei Wochen war das Gebäude im Sommer 1995 vollständig mit silberglänzendem, feuerfestem Gewebe verhüllt. Im Zuge des 300 Millionen Euro teuren Umbaus blieb nur die historische Außenfassade erhalten, während der Architekt Sir Norman Foster mit seinem Stab das Innere des Gebäudes

in ein modernes Parlamentsgebäude umgestaltete. Erhalten geblieben sind dabei im Inneren des Reichstages die zahlreichen kyrillischen Inschriften von Soldaten der Roten Armee. Am 19. April 1999 wurde das neue Parlament eingeweiht. Seine ständige Arbeit nahm der Bundestag am 6. September 1999 auf. Prunkstück der Neugestaltung ist die 800 Tonnen schwere Kuppel aus Stahl und Glas. Die mittlerweile zum Stadtwahrzeichen gewordene Konstruktion ist begehbar. Über zwei spiralförmige Rampen gelangt man zu einer 40 Meter hohen Aussichtsplattform, von der man einen Blick über die Hauptstadt hat. Auf der ebenfalls begehbaren Dachterrasse befindet sich ein Besucherrestaurant. Wenn man von dort in den nördlichen Innenhof hinunter schaut, blickt man auf einen riesigen Schriftzug in Neonbuchstaben: „DER BEVÖLKERUNG" – eine Kunstinstallation von Hans Haacke.

DIE PRÄSIDENTEN DES DEUTSCHEN BUNDESTAGES

Hermann Ehlers
CDU (1950 – 1954)

Kai-Uwe von Hassel
CDU (1969–1972)

Karl Carstens
CDU (1976 – 1979)

Erich Köhler
CDU (1949 – 1950)

Eugen Gerstenmaier
CDU (1954 – 1969)

Annemarie Renger
SPD (1972 – 1976)

Das Reichstagsgebäude mit der begehbaren Glaskuppel eröffnet den direkten Blick hinunter in den Plenarsaal.

„Berlin ist von nun an die politische Metropole Deutschlands, das umgebaute Reichstagsgebäude ist ab heute Sitz des Deutschen Bundestags." (Bundestagspräsident Wolfgang Thierse in seiner Eröffnungsrede vor dem Bundestag am 19.4.1999 im Reichstagsgebäude)

Selten so voll besetzt – der Plenarsaal des Deutschen Bundestags

Rainer Barzel
CDU (1983 – 1984)

Rita Süssmuth
CDU (1988 – 1998)

Norbert Lammert
CDU (seit 2005)

Richard Stücklen
CSU (1979 – 1983)

Philipp Jenninger
CDU (1984–1988)

Wolfgang Thierse
SPD (1998 – 2005)

DEUTSCHER BUNDESTAG – ABGEORDNETENBÜROS UND VERWALTUNG

Außer im Plenarsaal wird der größte Teil der politischen Arbeit des Bundestages in den Ausschüssen, den Abgeordnetenbüros sowie der Verwaltung geleistet. Da für die vielen Bundestagsmitarbeiter und Abgeordneten im Reichstagsgebäude kein Platz ist, sind deren Dienst- und Arbeitsräume in einigen Alt- und Neubauten im näheren Umkreis des Reichstagsgebäudes untergebracht.

4 Paul-Löbe-Haus
→ *Konrad-Adenauer-Straße 1, 10557 Berlin,* Ⓢ *Hauptbahnhof*

Das Paul-Löbe-Haus am Südrand des Spreebogenparks gehört baulich zum Mittelstück des „Bandes des Bundes". Das nach dem Reichstagspräsidenten und Alterspräsidenten des ersten Deutschen Bundestages Paul Löbe (SPD) benannte Haus wurde zwischen 1997 und 2001 errichtet. Im von dem Architekten Stephan Braunfels entworfenen 277 Millionen Euro teure Neubau befinden sich 170 Abgeordnetenbüros der beiden großen Bundestagsfraktionen SPD und CDU / CSU. Insgesamt hat der Bau eine Hauptnutzfläche von 32.500 m², auf der 900 Büroräume und 21 Sitzungssäle sowie ein Restaurant untergebracht sind.

Bestimmendes Element des Hauses ist der helle Sichtbeton. Dünne Säulen stützen die riesigen Vordächer in 23 Meter Höhe. Seit Mai 2001 gibt es zwei direkte Übergänge vom Paul-Löbe-Haus zum Marie-Elisabeth-Lüders-Haus.

5 Marie-Elisabeth-Lüders-Haus
→ *Schiffbauerdamm, 10117 Berlin,* Ⓢ Ⓤ *Friedrichstraße*

Das ebenfalls vom Architekten Stephan Braunfels konzipierte Marie-Elisabeth-Lüders-Haus wurde im Dezember 2003 eingeweiht. Die Namensgeberin des Gebäudes, Marie-Elisabeth Lüders, saß von 1949 bis 1961 für die Liberalen im Bundestag und war ab 1953 dessen Alterspräsidentin. Das 200 Millionen Euro teure Bauwerk hat 650 Büroräume und

DAS „BAND DES BUNDES" IM REGIERUNGSVIERTEL

Beim „Band des Bundes" handelt es sich um das architektonische Gesamtkonzept für die Neugestaltung des Regierungsviertels im Bereich des Spreebogenparks. Jahrzehntelang befand sich dieses Areal in der Randlage West-Berlins im Schatten der Mauer. Das 1992 von den Architekten Axel Schultes und Charlotte Frank entworfene Ensemble ist rund ein Kilometer lang. Aus der Luft wirken die aneinandergereihten hellen Neubauten des Bandes mit den Fußgängerbrücken über dem Gewässer wie ein Balken, der sich quer über den Spreebogen gelegt hat. Die Architekten wollen mit dieser Bauweise die Vereinigung der ehemals voneinander getrennten Stadthälften im Uferbereich zum Ausdruck bringen. Außerdem sollen mit dem Kanzleramt die Regierung, mit den beiden Parlamentsneubauten die Legislative und mit dem Bürgerforum das Volk symbolisiert werden. Diese Leitidee ist aber nur zum Teil verwirklicht worden, da das geplante Bauwerk für die Bürger – zwischen Kanzleramt und Paul-Löbe-Haus – aus Gründen finanzieller Enthaltsamkeit bisher nicht realisiert wurde.

Paul Löbe mit den weiblichen Mitgliedern der SPD-Fraktion im Jahr 1920

eine Hauptnutzfläche von 33.500 m². Neben dem Wissenschaftlichen Dienst des Deutschen Bundestages beherbergt das Gebäude vor allem die Parlamentsbibliothek mit einem Bestand von 1,3 Millionen Büchern. Sie ist neben der Library of Congress in Washington, der Nationalen Parlamentsbibliothek in Tokio und der italienischen Parlamentsbibliothek, eine der weltweit größten Bibliotheken ihrer Art. Zum Gedenken an die Toten der innerdeutschen Grenze wurde nach einer Idee des Künstlers Ben War-

gin ein Teilstück der Berliner Mauer in das Marie-Elisabeth-Lüders-Haus integriert. Bis 1989 verlief auf der Grundfläche des Bauwerks die Grenze zwischen Ost- und West-Berlin. Auf den Mauerstücken sind die Namen der bei Fluchtversuchen zu Tode gekommenen Menschen festgehalten. Seit 2005 ist die Gedenkstätte für die Maueropfer der Öffentlichkeit zugänglich. Für rund 190 Millionen Euro soll ab 2009 das Marie-Elisabeth-Lüders-Haus bis direkt an die Luisenstraße erweitert werden.

6 Jakob-Kaiser-Haus
→ *Dorotheenstraße, 10117 Berlin,*
Ⓢ *Unter den Linden*

Östlich des Reichstagsgebäudes befindet sich auf beiden Seiten der Dorotheenstraße das Jakob-Kaiser-Haus. Es besteht aus acht sechsgeschossigen Gebäuden und ist mit 2.000 Arbeitsräumen der größte Parlamentsneubau. Die dort befindlichen über 314 Abgeordnetenbüros haben eine Standardgröße von 18 m². Ferner beherbergt der im Jahre 2001 eingeweihte Gebäudekomplex 43 Besprechungsräume, zwei Sitzungssäle und ein TV-Studio. Die Häuser 1 bis 4 und 5 bis 8 sind mit zwei Brücken, die über die Dorotheenstraße führen, verbunden. Unter der Straße verläuft eine Passage von einem zum anderen Gebäude. In den Neubau wurden historische Bauten integriert: die 1912 bis 1914 entstandene „Kammer der Technik", das Reichstagspräsidentenpalais und das bereits 1853 bis 1857 errichtete „Haus Sommer" in der Dorotheenstraße 99. Das 720 Millionen Euro teure Bauwerk ist nach dem Zentrumspolitiker und Mitbegründer der CDU in der sowjetischen Besatzungszone Jakob Kaiser benannt. Von 1949 bis 1957 war Kaiser Bundesminister für gesamtdeutsche Fragen.

7 Deutscher Bundestag – Unter den Linden 71, Ecke Wilhelmstraße 60
→ *10117 Berlin,* Ⓢ *Unter den Linden*

Der Bürokomplex gegenüber der Britischen Botschaft konnte bereits 1995 als erstes bezugsfertiges Dienstgebäude des Deutschen Bundestages in Betrieb genommen werden. Bis 1945 war in einem Vorgängerbau das preußische Kultusministerium untergebracht. Nach Beseitigung der Kriegsschäden wurde an

dieser Stelle von 1962 bis 1964 das Ministerium für Volksbildung errichtet, das unter der Leitung von Margot Honecker stand. 1993 baute die Gehrmann Consult GmbH das Gebäude unter Beibehaltung des Kerngehäuses aus der DDR-Zeit um. Das vierstöckige Bauwerk verfügt über fünf Sitzungsräume und 176 Büros, die von Bundestagsabgeordneten und Mitarbeitern der Verwaltung genutzt werden. Als eines der wenigen Gebäude um das Brandenburger Tor hatte der Bau in der Wilhelmstraße 60 den Zweiten Weltkrieg fast unbeschadet überstanden und war danach Sitz der Akademie der Pädagogischen Wissenschaften der DDR. Das heute unter Denkmalschutz stehende Haus beherbergt seit 1996 Büros von Bundestagsfraktionsmitgliedern der

Der Bundesadler als offizielles Staatswappen und Symbol des Bundestages am Jakob-Kaiser-Haus

CDU / CSU sowie Büros für Verwaltungsmitarbeiter. Der Zugang zum Gebäude Wilhelmstraße 60 erfolgt über den Eingang Unter den Linden 71.

8 Deutsche Parlamentarische Gesellschaft e.V. (DPG), ehem. Reichstagspräsidentenpalais
→ *Friedrich-Ebert-Platz 2,*
11011 Berlin, Ⓢ *Unter den Linden*

Nach der Bundestagswahl 2005 geriet das ehemalige Reichstagspräsidentenpalais ins öffentliche Blickfeld, da hier die Sondierungsgespräche der potenziellen Großen Koalition stattfanden. Seit dem 14. September 1999 ist das Gebäude am Friedrich-Ebert-Platz in Berlin gegenüber dem Osteingang des Reichstagsgebäudes Sitz der Deutschen Parlamentarischen Gesellschaft e.V. Die DPG ist eine überparteiliche Vereinigung von Abgeordneten des Deutschen Bundestages, der deutschen Landtage und

Jakob Kaiser (vierter von rechts, unten) im ersten Kabinett der Bundesrepublik am 20.9.1949

des Europaparlaments. Das Gebäude dient der Gesellschaft und – in begrenztem Umfang – dem Bundestag als „politischer Treffpunkt" sowie als Ort parlamentarischer Veranstaltungen. Das von 1897 bis 1904 nach Plänen von Paul Wallot erbaute Palais wurde in der Weimarer Republik ebenfalls als demokratisches Forum für politische Begegnungen und Debatten genutzt. Ab 1932 hatte in diesem Gebäude Reichstagspräsident Hermann Göring seinen Amtssitz. 1952 zog der VEB Deutsche Schallplatten ein.

Seit 1961 trennte die Berliner Mauer das Palais vom Reichstagsgebäude. Das Haus ist durch einen unterirdischen Gang mit dem Reichstag verbunden. Noch immer kreist das Gerücht, dass diese Unterführung am 27. Februar 1933 SA-Angehörige genutzt haben sollen, um das Parlamentsgebäude in Brand zu stecken. Der Gang, zu DDR-Zeiten durch eine Stahltür verschlossen, wurde im Rahmen der Bundestags-Bauarbeiten erneuert und erweitert.

9 Deutscher Bundestag – Unter den Linden 50
→ 10117 Berlin, Ⓢ Unter den Linden

Bis 1990 hatte hier das DDR-Außenhandelsministerium seinen Sitz. Auf 16.600 m² Hauptnutzfläche befinden sich heute 450 Büro- und 19 Besprechungsräume. Von 1994 bis 1997 wurde

der aus fünf Etagen bestehende Bau für ca. 65 Millionen Euro umgebaut. Seit 1997 dient er als Bürogebäude für Abgeordnete des Deutschen Bundestages. Das Haus war in den Jahren 1962 bis 1965 nach Entwürfen von Emil Leibold, Herbert Boos und Hanno Walther in Montagebauweise errichtet worden. Von dem alten Ministeriumsbau ist nur die Tragkonstruktion aus Stahlbeton erhalten geblieben.

10 Deutscher Bundestag – Schadowstraße 10 / 11
→ 10117 Berlin, Ⓢ Unter den Linden

In der alten Dorotheenstadt, der zweiten barocken Stadterweiterung Berlins nach Westen, befinden sich heute eine Reihe von Verwaltungsgebäuden des Bundestages. So auch im Schadow-Haus, nahe der Straße Unter den Linden. Hier lebte vor rund 200 Jahren der Bildhauer und Zeichner Johann Gottfried Schadow, der unter anderem die Quadriga auf dem Brandenburger Tor erschuf. Das 1805 von ihm errichtete zweistöckige Gebäude trägt noch heute einen Fassadenschmuck des Künstlers. Das Haus ging 1898 in die Hände des preußischen Fiskus über, und nach einer baulichen Verbindung zum benachbarten preußischen Innenministerium wurde es ab 1902 als Ministerialbibliothek genutzt. Nach Beschädigungen im Zweiten Weltkrieg baute man es 1959 wieder auf. Danach waren dort bis Mitte der 90er Jahre Wohnungen untergebracht. Der Deutsche Bundestag übernahm das historische Wohn- und Arbeitshaus Schadows. Zurzeit wird das Haus Nr. 10/11 grundlegend saniert und soll dann als reines Verwaltungsgebäude genutzt werden.

11 Deutscher Bundestag – Luisenstraße 32 – 34
→ *10117 Berlin,* Ⓢ Ⓤ *Friedrichstraße*

Imposant wirken die beiden alten Treppenhäuser mit ihren gusseisernen Geländern. In dem heutigen Verwaltungsgebäude des Bundestages in der Luisenstraße 32 – 34 war ursprünglich das kaiserliche Patentamt untergebracht. Das 1891 erbaute Haus entstand nach Plänen des Architekten August Busse. 1937 wurde es Technische Prüfungs- und Lehranstalt und diente später dem Finanzamt. Nach 1945 war der Komplex Sitz der BEWAG, des Elektroamts und für kurze Zeit der Berliner Bärenlotterie. Von 1974 bis 1990 beherbergte es die Generalstaatsanwaltschaft der DDR. 1998 wurde das Haus saniert.

12 Deutscher Bundestag – Dorotheenstraße 93
→ *10117 Berlin,* Ⓢ *Unter den Linden*

Das Bauwerk in der Dorotheenstraße 93 entstand in den Jahren 1936/37 nach Plänen des Ministerialrates Konrad Nonn als Erweiterungsbau des Reichsministeriums des Inneren. Nach dem Zweiten Weltkrieg hatte hier die Deutsche Justizverwaltung der sowjetischen Besatzungszone ihren Sitz. Später zog das Justizministerium der DDR mit seiner berüchtigten Chefin Hilde Benjamin ein. Hinzu kam die Arbeiter- und Bauerninspektion. Das Haus wurde nach der Wiedervereinigung Außenstelle des Bundesministeriums der Justiz. Nachdem eine Nutzung durch die Bundestagsverwaltung beschlossen worden war, bekam das Architektenbüro Schlenkhoff den Auftrag für den Umbau und die Sanierung des denkmalgeschützten Gebäudes. Die Projektkosten betrugen rund 18 Millionen Euro. So blieb der in den Jahren 1964/65 gebaute Richtersaal erhalten. In einigen der Räumlichkeiten befinden sich mittlerweile verblasste Hakenkreuzsymbole aus der Zeit des Nationalsozialismus.

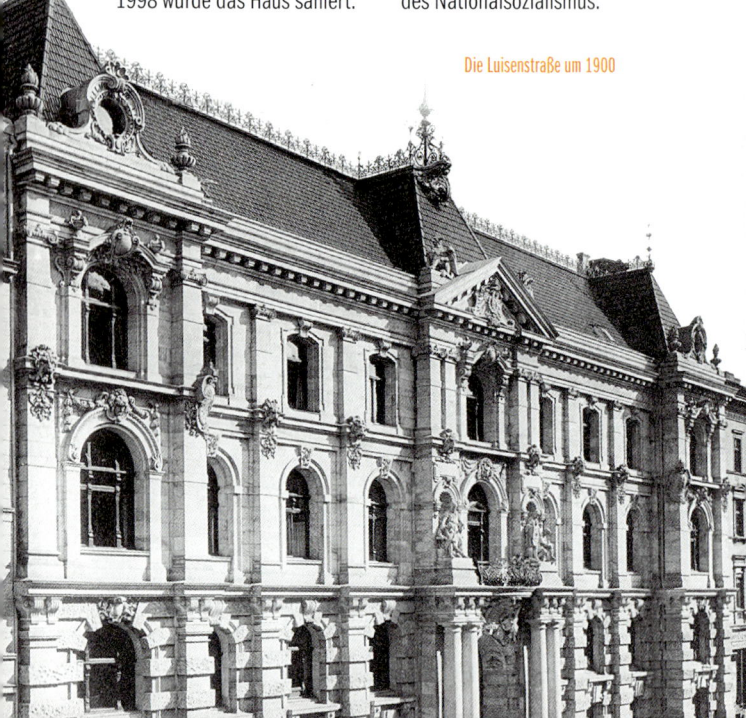

Die Luisenstraße um 1900

Schadowstraße 10/11, Wohnhaus und Atelier von Johann Gottfried Schadow 1805 – 1850, Aufnahme aus dem Jahr 1910

Verbindungsgänge des Jakob-Kaiser-Komplexes

Johann Gottfried Schadow (1764 – 1850)

Aufgang im ehemaligen Reichstagspräsidentenpalais

Parlamentsbibliothek im Marie-Elisabeth-Lüders-Haus

DER BUNDESRAT

Durch das Verfassungsorgan Bundesrat wirken die 16 Bundesländer bei der Gesetzgebung und Verwaltung des Bundes und in Angelegenheiten der EU mit. Der Bundesrat besteht aus 69 Mitgliedern der Landesregierungen. Je nach Einwohnerzahl haben die Länder drei bis sechs Stimmen. Zum Präsidenten des Bundesrates wird für die Dauer eines Jahres der Ministerpräsident eines Bundeslandes gewählt. Dieser ist gleichzeitig Stellvertreter des Bundespräsidenten.

13 Sitz des Bundesrates, ehem. Preußisches Herrenhaus
→ *Leipziger Straße 3 - 4, 10117 Berlin,*
Ⓢ Ⓤ *Potsdamer Platz*

Der Bundesrat hat seinen Sitz im ehemaligen Preußischen Herrenhaus in der Leipziger Straße, nahe dem Potsdamer Platz. Auf dem Gelände existierte von 1761 an eine Porzellan- und später eine Seidenmanufaktur. Das Gebäude war von 1825 bis 1851 im Besitz der Familie Mendelssohn Bartholdy, die es in ein repräsentatives Wohngebäude umbauen ließ. Nach dem Verkauf an den Staat zog dort die Erste Kammer des Preußischen Landtages ein. Von 1867 bis 1870 tagte hier der Reichstag des Norddeutschen Bundes. Für den Reichstag des Deutschen Kaiserreiches entstand 1871 auf dem Nachbargrundstück Nr. 4 ein provisorisches Sitzungsgebäude. In den Jahren 1899 bis 1903 wurde nach Plänen des Architekten Friedrich Schulze-Colditz ein Neubau errichtet. Er entstand als Kopfbau des Preußischen

Landtages (heute Berliner Abgeordnetenhaus). Das dreiteilige neue Herrenhaus diente zunächst als erste Kammer des Preußischen Parlamentes. Hier tagten die konservativen Adligen. Nach Ende des Ersten Weltkrieges und der Abschaffung der Monarchie war die Adelskammer aufgelöst. Die Reichsversammlung der Arbeiter- und Soldatenräte tagte während der Revolution 1918 im Herrenhaus. Ab 1921 war das Haus Sitz für den Preußischen Staatsrat. Der spätere Bundeskanzler Konrad Adenauer fungierte von 1921 bis 1933 als Präsident des Staatsrats und hatte seine Dienstwohnung im westlichen Seitentrakt. Nach der Machtübernahme der Nationalsozialisten wurde das Gebäude 1934 dem benachbarten Neubau des Reichsluftfahrtministeriums angegliedert und in „Preußenhaus" umbenannt. Im Zweiten Weltkrieg wurden der Mitteltrakt des Hauses, das Foyer, die Wandelhalle und der Plenarsaal schwer beschädigt. Aufgrund der Grenznähe ließen die Verantwortlichen in der DDR Foyer und Ehrenhof zumauern; der Plenarsaal verkam zur Abstellkammer. Die besser erhaltenen Seitenflügel wurden weitergenutzt. Das „Haus der Ministerien" der DDR übernahm 1950 den Ostflügel. In Teile des Mitteltraktes und in den Westflügel zogen ab 1955 Bereiche der Akademie der Wissenschaften der DDR und der Akademie Verlag ein. Als sich der Bundesrat zum Umzug nach Berlin entschlossen hatte, begannen im März 1997 Sanierungsarbeiten. Im September 2000 konnten die Einweihungsfeierlichkeiten stattfinden.

Blick in den Vorhof des Bundesratsgebäudes

DIE BUNDESREGIERUNG DER BUNDESREPUBLIK DEUTSCHLAND

Die Bundesrepublik Deutschland wird vom Bundeskanzler sowie den einzelnen Bundesministern regiert. Zusammen bilden sie die Bundesregierung. Sie stellt die höchste ausführende Gewalt des Staates dar. Chef der deutschen Bundesregierung ist der Bundeskanzler. Er „bestimmt die Richtlinien der Politik und trägt dafür die Verantwortung. Innerhalb dieser Richtlinien leitet jeder Bundesminister seinen Geschäftsbereich selbständig und unter eigener Verantwortung. Über Meinungsverschiedenheiten zwischen den Bundesministern entscheidet die Bundesregierung. Der Bundeskanzler leitet ihre Geschäfte nach einer von der Bundesregierung beschlossenen und vom Bundespräsidenten genehmigten Geschäftsordnung" (Art. 65 des GG).

14 Das Bundeskanzleramt

→ *Willy-Brandt-Straße 1, 10557 Berlin,*
Ⓢ *Hauptbahnhof, Unter den Linden*

Eines der wichtigsten Projekte der Bundeshauptstadt war der Neubau des Bundeskanzleramtes im nordwestlichen Teil des Spreebogens. An jenem Ort befand sich einst das Generalstabsgebäude, eine Abteilung des Kriegsministeriums. In der Weimarer Republik zog dort ein Teil des Innenministeriums ein. Nach der völligen Zerstörung im Zweiten Weltkrieg wurde die Ruine in den 1950er Jahren gesprengt. Das auf diesem Gelände neu entstandene Bauwerk wurde nach Plänen der Architekten Axel Schultes und Charlotte Frank in einer Bauzeit von vier Jahren fertiggestellt. Am 2. Mai 2001 übernahm der damalige Bundeskanzler Gerhard Schröder das von seinem Vorgänger Helmut Kohl in Auftrag gegebene Gebäude, das viermal so groß ist wie das Weiße Haus in Washington. Die gesamte Grundstücksfläche beträgt 73.000 m². Insgesamt hat das Gebäude 370 Büroräume und bietet Arbeitsplätze für fast 450 Menschen. Die Baukosten betrugen 238 Millionen Euro. Einigen Kritikern sprachen deshalb von „Arroganz der Macht". Selbst Bundeskanzler Gerhard Schröder äußerte damals: „Eine Nummer kleiner hätte es auch getan." Die gläsernen Fassaden des Gebäudes sollen Transparenz und Weitläufigkeit vermitteln. Zentrum des Komplexes ist ein 36 Meter hoher, achtgeschossiger Kubus (das Leitungsgebäude) mit quadratischem Grundriss. Im sechsten Obergeschoss befinden sich der große und

Östliche Ausrichtung des Bundeskanzleramtes

kleine Kabinettssaal, im siebten Stock das Büro des Bundeskanzlers. Darüber liegen dienstliche Repräsentationsräume sowie die Dienstwohnung des Bundeskanzlers, bestehend aus zwei Zimmern, Küche, Bad und einer kleiner Terrasse, für deren Nutzung eine Monatsmiete von 800 Euro zu entrichten ist. Dem Leitungsgebäude östlich vorgelagert ist – mit Blick auf den Reichstag – ein Ehrenhof, in dem der Kanzler in der Regel seine Staatsgäste empfängt. Dort steht auch die monumentale eiserne Skulptur „Berlin" des spanischen Künstlers Eduardo Chillida. Eine Brücke führt zum Kanzlerpark am nordöstlichen Ufer der Spree, wo sich auch ein Hubschrauberlandeplatz befindet. Als „Schaltzentrale" für die gesamte Regierungspolitik besitzt das Bundeskanzleramt eine herausragende politische Bedeutung. Die oberste Bundesbehörde unterstützt den Bundeskanzler in all seinen Aufgaben. Das Amt wird vom Chef des Bundeskanzleramts (Kanzleramtsminister) geleitet. Im November 2005 hielt mit Angela Merkel zum ersten Mal eine Kanzlerin Einzug in ein deutsches Kanzleramt. Ebenfalls ihren Amtssitz im Haus haben die beiden Beauftragten der Bundesregierung für Migration, Flüchtlinge und Integration sowie für Kultur und Medien.

Jedes geliebte Kind hat viele Namen: Aufgrund der weißen Fassade und seinen großen runden Maueröffnungen wurde das Kanzleramt alsbald von den Berlinern auf den Namen „Die Waschmaschine" getauft. Aber auch Begriffe wie „Elefantenklo" und „Kohllosseum" machen unter Touristenführern und Taxifahrern die Runde.

15 Auswärtiges Amt (AA), ehem. Zentralkomitee der SED / Reichsbank

→ *Werderscher Markt 1, 11013 Berlin (erster Dienstsitz),* 🚇 *Hausvogteiplatz*

Seit 1999 hat das Auswärtige Amt seinen Sitz in Berlin. 2.000 Beschäftigte arbeiten in einem der größten Gebäudekomplexe der Stadt. In der Bonner Außenstelle des Ministeriums sind noch 450 Mitarbeiter tätig. Das Amt ist zuständig für die Pflege der Beziehungen der Bundesrepublik Deutschland zu anderen Staaten sowie zu den zwischen- und überstaatlichen Organisationen. Herzstück des Ministeriums bildet der Altbau, welcher in den Jahren 1934 bis 1940 als Erweiterungsbau der Reichsbank errichtet wurde. Hitler persönlich hatte den Reichsbankbaudirektor Heinrich Wolff mit den Baumaßnahmen beauftragt. Die am Werderschen Markt

Nach Art. 63 des Grundgesetzes schlägt der Bundespräsident einen der konkurrierenden Kanzlerkandidaten zur Wahl des Bundeskanzlers vor. Normalerweise entscheidet sich der Bundespräsident für den Kandidaten der Partei oder Koalition, die als Sieger aus den Bundestagswahlen hervorgegangen ist. Der Kanzler wird ohne Aussprache gewählt und muss im ersten Wahlgang die

DIE BUNDESKANZLER DER BUNDESREPUBLIK DEUTSCHLAND

Konrad Adenauer
CDU (1949 – 1963)

Ludwig Erhard
CDU (1963 – 1966)

Kurt Georg Kiesinger
CDU (1966 – 1969)

Willy Brandt
SPD (1969 – 1974)

Helmut Schmidt
SPD (1974 – 1982)

Alt- und Neubau des Auswärtigen Amts

stehenden Bauwerke, darunter die Alte Münze von Friedrich August Stüler, wurden abgerissen. In den Tresoren der Reichsbank lagerten die erbeuteten Gold- und Devisenreserven des Naziregimes. Nach dem Zweiten Weltkrieg wurde das Gebäude ab 1949 trotz der Zerstörung durch das Berliner Stadtkontor und das DDR-Finanzministerium genutzt. Von 1959 bis 1990 befand sich hier das Zentralkomitee der SED. Für kurze Zeit beherbergte das Haus die Volkskammer der DDR und trug deshalb vom 1. Juni bis zum 2. Oktober 1990 den Namen „Haus der Parlamentarier".

1995 fiel die Entscheidung, hier das Auswärtige Amt unterzubringen und durch einen Neubau zu ergänzen. Umbau- und Erweiterungsarbeiten erfolgten in den Jahren 1997 bis 1999. Der Neubau mit seinen teilweise offenen Innenhöfen und seiner transparenten Fassade wurde nach Entwürfen der Architekten Thomas Müller und Ivan Reimann errichtet und ist vom Altbau räumlich getrennt. Im zweiten Obergeschoss des Altbaus liegen die Arbeitsräume des Außenministers, die zum Protokollhof zwischen Alt- und Neubau ausgerichtet sind. In eben diesen Zimmern ging von

absolute Mehrheit erreichen. Wenn diese erreicht ist, muss der Bundespräsident den Gewählten zum Kanzler ernennen. Wird aber die absolute Mehrheit verfehlt, beginnt eine 14-tägige Frist, in der beliebig viele Wahlgänge durchgeführt werden können. Nach Ablauf dieses Zeitraumes reicht dann eine relative Mehrheit aus.

Helmut Kohl
CDU (1982 – 1998)

Angela Merkel
CDU (seit 2005)

Gerhard Schröder
SPD (1998 – 2005)

1971 bis 1989 Erich Honecker als Generalsekretär der SED seinen Aufgaben nach. Besucher können im verglasten Lichthof ein öffentlich zugängliches Café und einen Buchladen nutzen. In den Kellerräumen des Gebäudes stehen noch die schweren Reichsbank-Tresore und beherbergen nunmehr das Archiv.

16 Bundesministerium des Innern (BMI)

→ *Alt-Moabit 101 D, 10559 Berlin (erster Dienstsitz),* Ⓢ *Bellevue,* Ⓤ *Turmstraße*

Das Innenministerium befindet sich etwas abseits des Regierungsviertels am Moabiter Spreebogen. Die Behörde sitzt nicht im eigenen Haus, sondern hat sich mit ihren rund 1.000 Mitarbeitern in ein Bürogebäude eingemietet. Der Komplex steht auf einem Gelände, das seit 1886 Standort der bekannten Meierei C. Bolle war – eines der wichtigsten Unternehmen der Berliner Milch- und Lebensmittelversorgung. Von 1990 bis 1995 ließ an dieser Stelle das Berliner Architektenbüro Kühn-Bergander-Bley einen Gebäudekomplex mit mehreren Neubauten errichten, die sich um die denkmalgeschützten Altbauten der ehemaligen Meierei gruppieren. Im Zentrum steht ein U-förmiges Bürogebäude aus hellen Natursteinen und Glas. Das um einen tiefen, aber üppig begrünten Hof gelegene Kerngebäude hat eine mit rotbraunem Granit verkleidete Fassade und bildet eine Einheit mit den beiden „Silbersilos" an der Spree, die schnell zu einem Wahrzeichen Moabits geworden sind. Das Ministerium nutzt lediglich den östlichen Teil der beiden Türme. Am 31. Juli 1999 wurde der Innenausbau des Ministeriums abgeschlossen. Die Nutzfläche beträgt 24.000 m^2. Zum Aufgabenspektrum des BMI gehören die Gewährleistung der inneren Sicherheit, die Ausländer- und Asylpolitik, der öffentliche Dienst, die Modernisierung der Verwaltung. Außerdem ist es zuständig für das Verfassungsrecht und den Sport. Der Innenminister residiert im 13. Stock. Die jährliche Miete für die Räumlichkeiten beträgt über 8 Millionen Euro. Das Ministerium plant unweit des Kanzleramtes einen neuen, eigenen Bau, mit dem 2011 begonnen werden soll und der 175 Millionen Euro kosten wird.

17 Bundesministerium der Justiz (BMJ), ehem. Internationales Pressezentrum der DDR

→ *Mohrenstraße 37, 10117 Berlin (erster Dienstsitz),* Ⓤ *Hausvogteiplatz*

Das Bundesministerium der Justiz befindet sich zwischen dem Gendarmenmarkt und dem Hausvogteiplatz und ist für alle Angelegenheiten des Rechts-

Mohrenkolonnaden Ende des 19. Jahrhunderts

Hitler und Reichsbankpräsident Hjalmar Schacht

Verglaster Lichthof des Auswärtigen Amtes

Bundesministerium der Justiz in den Kolonnaden an der Mohrenstraße

Milchwagen der Meierei C. Bolle in der Waisenstraße

Innenministerium am Ufer der Spree

wesens des Bundes verantwortlich. Das Ministerium ist in mehreren Gebäuden untergebracht. Dazu gehören auch die Mohrenkolonnaden, die 1787 von dem Baumeister Carl Gotthard Langhans, dem Erbauer des Brandenburger Tores, errichtet wurden. Der südliche Teil des Gebäudekomplexes an der Mohrenstraße dient heute dem Justizministerium als repräsentativer Haupteingang. In einigen Gebäuden des BMJ befanden sich früher Warenhäuser. Das „Haus Nagel" wurde 1896 nach Plänen des Architekten Carl Bauer errichtet. 1901 entstand das benachbarte „Haus Stern". Von 1912 bis 1914 wurde hinter den Kolonnaden der „Prausenhof" errichtet. Die Innenhöfe sind heute mit einem Glasdach überwölbt. Weil die meisten Besitzer Juden waren, ging ihr Eigentum während der NS-Zeit in den Besitz des Deutschen Reiches über. Im „Haus Stern" und im „Prausenhof" zogen Büros ein. Nach dem Zweiten Weltkrieg war im „Prausenhof" zeitweise das Patentamt der DDR untergebracht. Ins „Haus Stern" zog, nach umfangreichen Baumaßnahmen, im Jahr 1977 das Internationale Pressezentrum der DDR ein. In dessen Konferenzsaal, der heute im Originalzustand nicht mehr existiert, verkündete am 9. November 1989 das Mitglied des SED-Politbüros Günter Schabowski während einer Pressekon-

ferenz die Reisefreiheit der DDR-Bürger, was zur Öffnung der Mauer führte. Nach der Wiedervereinigung zog die Berliner Dienststelle des Presse- und Informationsamtes der Bundesregierung vorübergehend ins Haus Nr. 37 ein. Die Berliner Außenstelle des Justizministeriums war von 1995 bis 1997 in einem Neubau an der Jerusalemer Straße untergebracht. Erst nach dem Umbau des Gebäudekomplexes in der Mohrenstraße durch das Architekturbüro Eller & Eller zog das Ministerium hier 2001 mit seinem ersten Dienstsitz ein.

18 Bundesministerium der Finanzen (BMF), ehem. Haus der Ministerien / Reichsluftfahrtministerium
→ *Wilhelmstraße 97, 10117 Berlin (erster Dienstsitz)* Ⓤ *Mohrenstraße*

Das Bundesministerium der Finanzen, das sich zwischen Leipziger Straße, Wilhelmstraße und Niederkirchnerstraße erstreckt, ist mit ca. 2.400 Räumen eines der größten Bürogebäude Europas. Der Komplex hat eine 42.000 m^2 große Fassade und 40 Sitzungssäle. Sieben Kilometer Korridor führen durch das Innere des Baus. Das BMF ist für alle Bereiche der deutschen Finanz- und Steu-

Frontseite des Reichsluftfahrtministeriums zur Wilhelmstraße im Jahr 1938

erpolitik sowie für die Grundausstattung der Wirtschaftspolitik zuständig. Im Zuge der westlichen Erweiterung der Friedrichstadt wurde auf dem Teilgrundstück Leipziger Straße im Jahr 1736 ein Palais für den Geheimen Etats- und Kriegsminister Franz Wilhelm von Happe gebaut. 1819 wurde das Gebäude Eigentum des Staates und Sitz des preußischen Kriegsministeriums. Dies war die Geburtsstunde der Regierungsmeile Wilhelmstraße. In der Weimarer Republik zogen das Reichswehrministerium und das Berliner Arbeitsgericht in den Komplex ein. Nach der Machtübernahme der Nationalsozialisten hat man das alte Kriegsministerium abgerissen. Gleichzeitig wurde 1934 mit dem Bau des Reichsluftfahrtministeriums begonnen, welches 1936 fertiggestellt wurde. Mit Hermann Göring, der seit 1933 die Ämter des preußischen Ministerpräsidenten, des Reichstagspräsidenten und des Reichsluftfahrtministers auf sich vereinte, wurde der monumentale Bau zu einer wichtigen Schaltstelle im Dritten Reich. Im Zweiten Weltkrieg wurde das Ministerium kaum beschädigt. Am 7. Oktober 1949 fand im Festsaal des Hauses die Gründung der DDR statt. Wenige Tage später wurde am gleichen Ort Wilhelm Pieck zum Staatspräsidenten der DDR gewählt. Bis 1951 war das Gebäude Sitz der Volkskammer. Nach deren Auszug wurde der Bau zum „Haus der Ministerien" umfunktioniert und war zeitweise Sitz für bis zu zehn Ministerien. Im Zuge der Wiedervereinigung zog die Treuhandanstalt ein, die den Verkauf der DDR-Staatsbetriebe organisierte. Nach der Ermordung des Präsidenten dieser Anstalt benannte man den Bau in Detlev-Rohwedder-Haus um. Seit 1999 ist das Detlev-Rohwedder-Haus erster Dienstsitz des Bundesfinanzministeriums. Aus DDR-Zeiten stammt das große Kachelwandbild von Max Lingner an der Leipziger Straße. Das 1952 in Meißner Porzellan ausgeführte Werk stellt in idealisierter Form den Weg des Sozialismus dar. Als Kontrast dazu schuf

Sozialistische Wandmalerei am Finanzministerium

im Jahr 2000 der Künstler Wolfgang Rüppel für den Platz vor der sozialistischen Szenerie ein in die Erde eingelassenes Denkmal an den Volksaufstand in der DDR am 17. Juni 1953.

19 Bundesministerium für Wirtschaft und Technologie (BMWI), ehem. Oberstes Gericht der DDR / Regierungskrankenhaus / Kaiser-Wilhelm-Akademie
→ Scharnhorststraße 34 – 37, 10115 Berlin (erster Dienstsitz), U Zinnowitzer Straße, S Hauptbahnhof

Die Invalidenstraße markiert den nördlichen Rand des Regierungsviertels. Am Invalidenpark befindet sich das Bundesministerium für Wirtschaft und Technologie. Zentrale Politik dieser Behörde ist es, das Fundament für wirtschaftlichen Wohlstand in Deutschland mit breiter Teilhabe aller Bürger sowie für ein modernes System der Wirtschaftsbeziehungen zu legen. Als erstes eigenständiges Ressort für Aufgaben der Wirtschaftspolitik wurde im Deutschen Reich gegen Ende des Ersten Weltkrieges 1917 das Reichswirtschaftsamt gebildet. Das heutige Ministerium residiert in einem historischen, denkmalgeschützten Gebäudekomplex. 1748 ließ Friedrich II. an diesem Ort ein Invalidenhaus für seine im Schlesienkrieg ver-

Invalidenhaus in der Scharnhorststraße 33 – erbaut 1745 – 1748. Abbildung eines Stiches von Schleuen

sehrten Soldaten erbauen. Nördlich des Baus ließ der König einen Invalidenfriedhof einrichten, der heute ein interessantes Zeugnis preußischer Militärgeschichte darstellt. Zwischen 1905 und 1910 erfolgte eine umfassende bauliche Erweiterung, bei der auf dem zur Invalidenstraße hin noch nahezu unbebauten Gelände die „Kaiser-Wilhelm-Akademie" für das militärärztliche Bildungswesen" errichtet wurde. Mit der Abschaffung der Monarchie schloss auch die Akademie am Ende des Ersten Weltkrieges. Danach zog das Reichsarbeitsministerium ein. In der NS-Zeit gründete man die Akademie neu und sie

> *„Unsere Juristen müssen begreifen, dass der Staat und das von ihm geschaffene Recht dazu dienen, die Politik von Partei und Regierung durchzusetzen."* (Walter Ulbricht)

bezog Teile des Invalidenhauses. Im Zweiten Weltkrieg diente das Invalidenhaus als Lazarett der Wehrmacht, das nach der Einnahme Berlins die Rote Armee weiternutzte. Die DDR funktionierte den Gebäudekomplex in ein Gerichtsgebäude und ein Regierungskrankenhaus um. So war der Bau Sitz des Obersten Gerichts der DDR, das von 1949 bis 1953 unter dem Vorsitz der als „Rote Hilde" bekannten Richterin und späteren DDR-Justizministerin Hilde Benjamin stand. Im Zuge der Wiedervereinigung wurde das gesamte Areal an der Invalidenstraße und Scharnhorststraße saniert.

Offizierskasino im Invalidenhauses. Aufnahme von 1897

Wirtschaftsministerium in der Invalidenstraße, Ecke Scharnhorststraße

20 Bundesministerium für Arbeit und Soziales (BMAS), ehem. Nationale Front der DDR / Reichsministerium für Propaganda und Volksaufklärung

→ Wilhelmstraße 49, 10117 Berlin (erster Dienstsitz), 🅄 Stadtmitte

Das BMAS ist innerhalb der Bundesregierung für die Themen Arbeitsmarktpolitik, Arbeitsrecht, Arbeitsschutz, Renten und soziale Sicherung zuständig. Reichskanzler Bismarck ließ bereits zwischen 1881 und 1889 die Vorsorge für Krankheit, Arbeitsunfälle und Invalidität regeln und die Rentenversicherung einführen. Seinen ersten Dienstsitz hat das Ministerium seit der Bundestagswahl 2005 wieder in dem Gebäudekomplex zwischen der Wilhelm- und Mauerstraße. Hierbei handelt es sich um einen Erweiterungsbau des Reichsministeriums für Propaganda und Volksaufklärung. Der Propagandaminister und NSDAP-Gauleiter von Berlin, Joseph Goebbels, richtete sich bereits 1933 mit seinem neu geschaffenen Ministerium in einem alten klassizistischen Palais ein, das ab 1833 dem Auswärtigen Amt und zwischen 1918 und 1933

> *„Das ist das Geheimnis der Propaganda: den, den die Propaganda fassen will, ganz mit den Ideen der Propaganda zu durchtränken, ohne dass er überhaupt merkt, dass er durchtränkt wird."*
> (Joseph Goebbels)

Joseph Goebbels an seinem Arbeitsplatz

Gebäude des Deutschen Volksrates im Herbst 1949

21 Bundesministerium für Ernährung, Landwirtschaft und Verbraucherschutz (BMELV), ehem. Staatsverlag der DDR / NSDAP-Parteikanzlei

→ *Wilhelmstraße 54, 10117 Berlin (zweiter Dienstsitz),* U *Mohrenstraße,* S *Unter den Linden*

Das Bundesministerium für Ernährung, Landwirtschaft und Verbraucherschutz ist innerhalb der Bundesregierung zuständig für die Bereiche sichere Lebensmittel, wirtschaftliche Tragfähigkeit landwirtschaftlicher Betriebe und für einen sozial intakten ländlichen Raum. Im Jahr 2000 bezog das Ministerium seinen zweiten Dienstsitz in einem repräsentativen und geschichtsträchtigen Gebäude in der Wilhelmstraße. Die rund 100 Bediensteten arbeiten in einem Komplex mit zwei Seitenflügeln, einem Quergebäude und einem großen Innenhof. Im Jahr 1898 wurde das Haus von Carl Vohl als Kontaktbüro des Kaisers zur Reichsregierung erbaut. Ab 1918 diente der Bau dem preußischen Staatsministerium, und im Jahr 1920 wurde er Amtssitz des preußischen Ministerpräsidenten. Bis 1933 hatte hier Konrad Adenauer, der damalige Präsident des preußischen Staatsrates, seine Residenz. Mit der Machtübernahme der Nationalsozialisten zog der „Stab des Stellvertreters des Führers" mit seinem Leiter Rudolf Heß in das Haus. Nachdem Heß 1941 nach Schottland geflogen und dort festgenommen worden war, übernahm Martin Bormann

als Pressestelle der Reichsregierung gedient hatte. In den Jahren 1934 bis 1940 wurde das Propagandaministerium wegen seiner stark anwachsenden Zahl an Mitarbeitern um einen rückwärtigen Anbau erweitert. Dieser blieb im Zweiten Weltkrieg weitgehend erhalten, während das Palais schwer getroffen und später beseitigt wurde. Nach Instandsetzung der wenig zerstörten Bauteile arbeitete hier der 1947 gegründete Deutsche Volksrat die spätere DDR-Verfassung aus. Danach wurden die Büros des „Nationalrates der Nationalen Front des demokratischen Deutschlands" eingerichtet. Hinter diesen Mauern hatte ebenfalls der erste Präsident der DDR, Wilhelm Pieck, seine Räumlichkeiten; später waren hier das Presseamt beim Ministerrat und das Solidaritätskomitee der DDR untergebracht.

Staatsverlag der DDR, im Vordergrund Teile des Führerbunkers. Foto: Juni 1988

Verteidigungsministerium am Landwehrkanal

die Dienststelle, die von da an „Partei-
kanzlei" hieß. Das im Zweiten Weltkrieg
schwer beschädigte Gebäude wurde
notdürftig wiederaufgebaut und vorübergehend in ein Studentenwohnheim
der Ost-Berliner Humboldt-Universi-
tät umfunktioniert. Ab 1954 nutzte das
Staatssekretariat für Hoch- und Fach-
schulwesen der DDR den Gebäudekomplex. Von 1970 bis 1989 hatte der
Staatsverlag der DDR hier seine Arbeitsräume. Nach 1990 zogen verschiedene
Firmen und Büros ein. Das Haus wurde
ab 1999 von der Berliner Architektin
Elisabeth Rüthnick für 12 Millionen Euro
als zweiter Dienstsitz für das Ministerium hergerichtet.

22 Bundesministerium der Ver-
teidigung (BMVg), ehem. Oberkom-
mando der Wehrmacht

→ *Reichpietschufer 74 – 76,*
10785 Berlin (zweiter Dienstsitz),
Ⓢ Ⓤ *Potsdamer Platz*

Das Verteidigungsministerium hat seinen Hauptsitz auf der Hardthöhe in
Bonn. Seit 1993 nutzt das Ministerium
den sogenannten Bendlerblock als zweiten Dienstsitz. Mit rund 350 Mitarbeitern stellt es zwar den kleineren Teil des
Ministeriums dar, aber in Berlin sitzt
die gesamte Führungsspitze: Minister,

Staatssekretäre, Pressestab und Mili-
tärattaché. Der Bundesminister der Ver-
teidigung ist in Friedenszeiten Inha-
ber der Befehls- und Kommandogewalt
über die Streitkräfte der Bundesrepublik Deutschland; im Verteidigungs-
fall geht diese auf den Bundeskanzler
über. Der Standort des Ministeriums besitzt eine wichtige Funktion in der deutschen Militärgeschichte. Das Gebäude
wurde zwischen 1911 und 1914 für das
Reichsmarineamt errichtet. Während
der Weimarer Republik war es Sitz des
Reichswehrministeriums und der Hee-
resleitung. Seine heutige Gestalt erhielt
der Bendlerblock nach umfangreichen
Erweiterungen im Jahr 1938. Hier resi-
dierten das Hitler unterstellte Oberkom-
mando des Heeres, der Luftwaffe und
der Marine sowie die deutsche Abwehr
unter Admiral Wilhelm Canaris. Von diesem Ort aus wurde Hitlers Angriffskrieg
organisiert; gleichzeitig befand sich hier
das Dienstzimmer von Oberst Schenk
Graf von Stauffenberg. Nach dem gescheiterten Attentatsversuch auf Hitler
wurden er und seine Mitverschwörer im
Innenhof des Bendlerblocks erschossen.
Der Gebäudekomplex wurde zum Ende
des Zweiten Weltkrieges schwer beschädigt. Nach Wiederherrichtung der Bauten zogen dort ab 1949 verschiedene
Bundesoberbehörden ein.

23 Bundesministerium für Familie, Senioren, Frauen und Jugend (BMFSFJ), ehem. Treuhandanstalt / „Haus der Elektroindustrie"

→ Alexanderstraße 3, 10178 Berlin (erster Dienstsitz), Ⓢ Ⓤ Alexanderplatz

An der Fassade eines Plattenbaus am Alexanderplatz sind Romanzitate aus Alfred Döblins berühmtem Werk *Berlin Alexanderplatz* zu lesen. Der russische Architekt Sergej Tchoban hat sie im Rahmen einer Neugestaltung der Außenfront 2000 / 01 anbringen lassen.

Das zehngeschossige und 220 Meter lange Gebäude, in dem das Ministerium für Familie, Senioren, Frauen und Jugend seine Räume hat, wurde in den Jahren 1967 bis 1969 errichtet. Danach wurde der DDR-Bau als sogenanntes Haus der Elektroindustrie für Verwaltungs- und Geschäftszwecke genutzt. Nach 1990 zog die Treuhandanstalt mit einigen Abteilungen ein und sanierte den Komplex. Nach außen hin wurden dabei die Fassadenteile durch bewegliche gläserne Lamellen ersetzt. Von 1991 bis 1997 wurde das Haus grundsaniert. Das Ministerium ist innerhalb der Bundesregierung für die Belange der Familien, älteren Menschen, Jugend sowie die Gleichstellung von Frauen und Männern zuständig. Ferner kümmert es sich um die Bereiche des bürgerlichen Engagements, der Wohlfahrtspflege und des Zivildienstes. Das Ministerium hat in den Etagen sieben bis neun seine Räume.

24 Bundesministerium für Gesundheit (BMG)

→ Friedrichstraße 108, 10117 Berlin (zweiter Dienstsitz), Ⓤ Oranienburger Tor

Direkt neben dem Friedrichstadtpalast befindet sich der Berliner Sitz des Bundesministeriums für Gesundheit. Das Gesundheitsministerium ist zuständig für die Gesundheitsversorgung, die ge-

Entstehung des Hauses der Elektroindustrie. Heute schmücken es Zeilen aus Alfred Döblins „Berlin Alexanderplatz".

setzliche Kranken- und Pflegeversicherung, Krankheitsbekämpfung und die Gesundheitsberichterstattung. 1991 kam es zur Neuerrichtung des Ministeriums. 2002 wurde es um den Bereich Soziales erweitert und in Bundesministerium für Gesundheit und Soziale Sicherung umgewandelt. Nach der Bundestagswahl 2005 und der Bildung der Großen Koalition wurde es wieder auf Gesundheit reduziert, während der Bereich Soziales dem Bundesministerium für Arbeit angegliedert wurde. Im Zuge dieser Umstrukturierung musste das BMG umziehen. Die obere Gesundheitsbehörde fand Quartier im sechsstöckigen „Bürohaus am Friedrichstadtpalast". Das Haus mit seinen Ecktürmen und großen Glasfronten wurde von der Architektengruppe von Gerkan, Marg und Partner konzipiert und 1999 fertiggestellt. Der Bau mit einer Gesamtnutzfläche von 10.000 m² beherbergt neben der Behörde eine Bank. Ein weiteres Berliner Dienstgebäude befindet sich in der Mohrenstraße 62.

25 Bundesministerium für Verkehr, Bau- und Stadtentwicklung (BMVBS), ehem. Ministerium für Geologie der DDR / Geologische Landesanstalt

→ Invalidenstraße 44,
10115 Berlin (erster Dienstsitz),
Ⓤ Zinnowitzer Straße

Alle Zuständigkeiten des Bundes für verkehrliche und bauliche Infrastrukturen sind im Bundesministerium für Verkehr, Bau und Stadtentwicklung gebündelt.

Gesundheitsministerium in der Friedrichstraße

So gehören die Bundesfernstraßen, Schienen- und Wasserwege, Städtebau, Stadtentwicklung und Raumordnung in dessen Kompetenzbereich. Dem Ministerium sind insgesamt 21 Behörden nachgeordnet. Es hat seinen ersten Dienstsitz in einem traditionsreichen Altbau und einem etwa gleich großen Erweiterungskomplex direkt am Invalidenpark. Der Bau im Stil des schinkelschen Klassizismus entstand 1875 bis 1878 nach Plänen des Architekten August Tiede und wurde Sitz der Geologischen Landesanstalt und der Preußischen Bergakademie. Während der NS-Zeit waren dort die Geologische Reichsanstalt und die Reichsstelle für Bodenforschung untergebracht. Von 1949 bis 1989 befanden sich die Zentrale Geologische Landesanstalt und das Ministerium für Geologie der DDR in dem Anwesen. Ab 1996 wurde der Altbau unter Leitung des Dortmunder Architekten Eckhard Gerber umfangreich saniert und für das Verkehrsministerium hergerichtet. Die Arbeiten wurden im Dezember 2000 abgeschlossen. Nach Plänen des Architekten Max Dudler entstand

Verkehrsministerium an der Invalidenstraße

Ständige Vertretung der Bundesrepublik in Ost-Berlin in den 1970er Jahren

Markante Fassade des Bildungsministeriums

Der Adler als Erkennungsmerkmal einer Bundesbehörde

der moderne Erweiterungsbau. Der sogenannte Dudler-Block liegt von der Invalidenstraße aus gesehen hinter dem Altbau, an der Straße Schwarzer Weg. Die Baukosten für das gesamte Projekt betrugen 164 Millionen Euro. Auf insgesamt 20.000 m² arbeiten dort ca. 800 Bedienstete der Behörde.

26 Bundesministerium für Umwelt, Naturschutz und Reaktorsicherheit (BMU), ehem. Treuhandanstalt / „Haus der Elektroindustrie"

→ *Alexanderstraße 3,*
10178 Berlin (zweiter Dienstsitz),
Ⓢ Ⓤ *Alexanderplatz*

Das Bundesministerium für Umwelt, Naturschutz und Reaktorsicherheit hat seinen Sitz, wie das Familienministerium, im ehemaligen Haus der Elektroindustrie, direkt am belebten Alexanderplatz. Das Ministerium ist innerhalb der Bundesregierung für alle Belange der Umweltpolitik des Bundes zuständig und hat seit dem 23. August 1999 einige Büroetagen in dem Gebäude angemietet. Zuvor befand es sich in einem Plattenbau am Schiffbauerdamm, nahe dem Reichstagsgebäude. 2009 wird das Bundesumweltministerium seinen Berliner Dienstsitz an der Ecke Stresemannstraße / Erna-Berger-Straße beziehen. Die dort stehenden bunt bemalten Reste der Berliner Mauer sollen in den Neubau integriert werden.

27 Bundesministerium für Bildung und Forschung (BMBF), ehem. Ständige Vertretung der BRD bei der DDR / Deutsche Bauakademie / Kaserne

→ *Hannoversche Straße 28 – 30,*
10115 Berlin (zweiter Dienstsitz),
Ⓤ *Zinnowitzer Straße, Oranienburger Tor*

Wo sich heute das Bundesministerium für Bildung und Forschung befindet, entstanden ab 1800 Pferdestallungen für die Artillerieregimenter. Nach deren Abriss wurde der heutige Bau zwischen

1912 und 1914 als Mannschaftshaus für die Maschinengewehrkompanien zweier Berliner Garderegimenter errichtet. Während der Weimarer Republik kamen hier Einrichtungen der Berliner Polizei unter. 1938 zog die Polizeischule Mitte ein. Das Gebäude wurde im Zweiten Weltkrieg schwer beschädigt. 1948 nutzte die Akademie der Wissenschaften der DDR die erhaltenen Gebäudeteile. In den folgenden Jahren ließ der Architekt Hans Scharoun die Ruinen der alten Kaserne wieder aufbauen. Die Deutsche Bauakademie übernahm 1951 den Komplex. Dort planten Scharoun und Henselmann mit Kollegen die Umgestaltung des Ost-Berliner Stadtzentrums. Das Scharoun-Atelier ist bis heute erhalten. Im Sommer 1974 bezog die „Ständige Vertretung der BRD bei der DDR" das Gebäude. Bis zur deutschen Wiedervereinigung lief ein großer Teil des politisch-kulturellen Austausches über diese Vertretung. Das Haus – im Ost-Berliner Volksmund wegen der weißen Fassade auch „Weißes Haus" genannt – wurde immer wieder zum Zufluchtsort von DDR-Flüchtlingen. So auch vom 8. August bis 8. September 1989, als etwa 130 DDR-Bürger in das Gartenhaus der Vertretung flüchteten. 1997 wurde beschlossen, an diesem Ort das Bundesbildungsministerium unterzubringen.

28 Bundesministerium für wirtschaftliche Zusammenarbeit und Entwicklung (BMZ), ehem. „Europahaus"

→ *Stresemannstraße 94,*
10963 Berlin (zweiter Dienstsitz),
Ⓢ *Anhalter Bahnhof*

Die Leitlinien und Konzepte deutscher Entwicklungspolitik werden vom Bundesministerium für wirtschaftliche Zusammenarbeit und Entwicklung erarbeitet. Der zweite Dienstsitz des Ministeriums befindet sich im „Europahaus" und somit in unmittelbarer Nachbarschaft des Gropius-Baus und

Europahaus vor dem Zweiten Weltkrieg

Markthalle IV in der Dorotheenstraße 84

des Preußischen Landtags. Das heute unter Denkmalschutz stehende Gebäude wurde 1931 in Stahlskelettbauweise errichtet und zählt zu den ersten Hochhäusern in Berlin. Mit seinen elf Stockwerken und meterhohen Leuchtwerbetafeln prägte es in den 1930er Jahren das Stadtbild. Im Zweiten Weltkrieg wurde das Haus fast vollständig zerstört. Nach dem Wiederaufbau von 1960 bis 1966 wurde es als Bürogebäude genutzt. Dem Hochhaus ist das fünfgeschossige „Deutschlandhaus" angeschlossen. Dieser ältere Teil des Gebäudekomplexes war während der deutschen Teilung Sitz des Gesamtdeutschen Instituts. Seit 1990 wurde die Fassaden- und Fenstergliederung des „Europahauses" rekonstruiert. Nach weiteren Umbauarbeiten unter der Leitung des Architekten Wolfgang Schäfer zog 1999 das Entwicklungshilfeministerium mit rund 100 Mitarbeitern in die oberen vier Etagen ein. Von den insgesamt 600 Bediensteten des Ministeriums arbeiten nur 20 Prozent in Berlin.

29 Das Presse- und Informationsamt der Bundesregierung

→ Dorotheenstraße 84 und Reichstagufer 12 – 14, 10117 Berlin,
Ⓢ Ⓤ Friedrichstraße

Das dem Bundeskanzleramt unterstellte Presse- und Informationsamt der Bundesregierung informiert die Bürger sowie Medien über die Politik der Bundesregierung; ferner benachrichtigt das Amt die Bundesregierung, den Bundestag und den Bundespräsidenten über die Nachrichtenlage in Deutschland und der Welt. Der Leiter des Presseamtes ist zugleich Chefsprecher der Bundesregierung. Seinen Sitz hat das Amt in Nachbarschaft des Parlaments und des Kanzleramtes sowie der Hauptstadtstudios der großen deutschen Fernsehsender ARD, ZDF und RTL. Die Bundesbehörde ist in einem Ensemble aus verschiedenen Gebäuden untergebracht. Von 1996 bis 2000 wurde der Komplex in drei Bauabschnitten für 110 Millionen Euro umgestaltet. Kernstück ist das ehemalige Postscheckamt, das von 1913 bis 1917 auf den Grundmauern einer alten Markthalle errichtet wurde. Nach 1949 zog die Deutsche Post der DDR in das weitgehend vom Krieg verschonte Gebäude. Ein aus DDR-Zeiten stammender Plattenbau an der Dorotheenstraße wurde in das Bundespresseamt integriert. Der Plattenbau war für das Ministerium für Staatssicherheit bestimmt gewesen; die Fertigstellung des Bauwerks im Jahr 1990 ging jedoch mit der Auflösung des Überwachungsapparats einher. Ergänzt wird das Gebäudeensemble durch den Neubau eines Presse- und Besucherzentrums. Über eine breite Rampe am Reichstagufer gelangen die Gäste in dieses Kommunikationszentrum. Dort stehen Journalistenarbeitsplätze und Studios für Rundfunk- und Fernsehaufnahmen zur Verfügung.

DER GANG DER GESETZGEBUNG

Gesetzesinitiative

Bundesregierung	Bundestag	Bundesrat
Gesetzesvorlage	Gesetzesvorlage	Gesetzesvorlage
Bundesrat Stellungnahme		**Bundesregierung** Stellungnahme

Bundestag
1. Lesung
2. und 3. Lesung

Ausschuss-beratungen

einfache Gesetze   Zustimmungsgesetze

Bundesrat

Billigung des Gesetzes   Antrag auf Beratung   Zustimmung

Bundesregierung

Vermittlungs-ausschuss

Antrag auf Beratung

Bundestag

ohne Änderung   Änderungs-vorschlag   ohne Änderung

Bundesrat	**Bundestag**	**Bundesrat**
Billigung Einspruch	beschließt erneut	keine Zustimmung

Bundestag

Zustimmung

Einspruch

GESETZ

überstimmt nicht überstimmt

Bundesregierung

GESETZ   Ausfertigung   **Bundespräsident**   Ausfertigung   GESETZ
                 Verkündigung   Verkündigung

Verfassungsändernde Gesetze erfordern eine 2/3-Mehrheit
im Bundestag und im Bundesrat

POLITISCHE VERTRETUNGEN

Botschaften, Einrichtungen der
Bundesländer und der Europäischen Union

DIE BOTSCHAFTEN

Mit dem Umzug der deutschen Regierung nach Berlin kehrten auch die vielen Vertretungen ausländischer Staaten an die Spree zurück. In der Hauptstadt sind rund 120 Staaten mit einer Botschaft vertreten. Sie sind über das ganze Stadtgebiet verteilt. Viele haben jedoch ihren Sitz im sogenannten Diplomatenviertel südlich des Tiergartens und im Bereich des Pariser Platzes. Höchster diplomatischer Vertreter eines Landes ist der Botschafter; er repräsentiert das Staatsoberhaupt des Entsendestaates. Das Botschaftsgelände steht unter besonderem völkerrechtlichen Schutz. Das heutige Diplomatenviertel zwischen Tiergartenstraße und Landwehrkanal war einst als „Geheimratsviertel" ein beliebter Wohnsitz reicher Berliner Bankiers, Industrieller und Intellektueller. Bereits gegen Ende des 19. Jahrhunderts zogen die ersten diplomatischen Vertretungen in diese Villengegend. Offiziell zum Diplomatenviertel erklärt wurde das Gebiet erst Mitte der 1930er Jahre von Hitlers Chefarchitekten Albert Speer, der im Zuge der Neugestaltung Berlins zur „Welthauptstadt Germania" erste ausländische Vertretungen in diesem Gebiet ansiedelte.

1 Britische Botschaft
→ *Wilhelmstraße 70 – 71, 10117 Berlin,*
Ⓢ *Unter den Linden*

Zwischen Unter den Linden und Behrenstraße sperren Polder einen kleinen Abschnitt der Wilhelmstraße für den allgemeinen Berliner Autoverkehr ab. Nur Fußgänger und Radfahrer können die britische Botschaft – die wegen der internationalen Terrorismusgefahr einer speziellen Sicherheitsüberwachung unterliegt – etwas näher betrachten. Das Architekturbüro Michael Wilford and Partners ließ von 1998 bis 2000 das Gebäude für die rund 120 Botschaftsmitarbeiter errichten. Auffälligstes Merkmal ist eine in die Wilhelmstraße hineinragende Spitze oberhalb des Eingangsbereichs. Bereits 1884 erwarb die britische Regierung auf diesem Grundstück das „Palais Strousberg" und brachte dort ihre Vertretung unter. Der Vorbesitzer des prunkvollen Hauses war der als „Eisenbahnkönig" bekannte Unternehmer Bethel Henry Strousberg. Im

Die Fassade der Botschaft von Großbritannien

Zweiten Weltkriegkrieg wurde das Haus zerstört. Erst in den 60er Jahren ließ die DDR-Regierung die Trümmer auf dem Areal abtragen.

2 Französische Botschaft
→ *Pariser Platz 5*
(Besuchereingang: Wilhelmstraße 69),
10117 Berlin, Ⓢ *Unter den Linden*

Die französische Botschaft kehrte im Jahr 2002 wieder an ihren alten Standort nahe dem Brandenburger Tor zurück. Bereits 1860 hatte Napoleon III. für seine Gesandtschaft ein barockes Palais am Pariser Platz Nr. 5 gekauft. Das Gebäude blieb – mit Unterbrechung während des Ersten Weltkrieges – Sitz der Vertretung Frankreichs, bis das Land 1939 seine diplomatischen Beziehungen mit dem Dritten Reich beendete. Der daraufhin von den Nazis beschlagnahmte Bau wurde Dienstsitz des Reichsministers für Bewaffnung und Munition, Fritz Todt. Im Zweiten Weltkrieg erlitt der Komplex schwere Schäden und wurde 1959 abgerissen. Nach der deutschen Wiedervereinigung erhielt Frankreich das Areal zurück. Von 1998 bis 2002 ließ der Architekt Christian Portzamparc das neue Botschaftsgebäude, schräg gegenüber dem Hotel Adlon, entstehen.

3 Italienische Botschaft

→ *Hiroshimastraße 1, 10785 Berlin,* Ⓢ Ⓤ *Potsdamer Platz*

Die italienische Botschaft wurde von Friedrich Hetzelt entworfen und 1942 als erster Neubau in Albert Speers geplantem Diplomatenviertel fertiggestellt. Die imposante Größe des Gebäudes, der zentral ausgerichtete Vorderbau mit seinen sechs Säulen sowie 200 Innenräumen sollten die Bedeutung Italiens als Bündnispartner der Nationalsozialisten zum Ausdruck bringen. Kurz nach Errichtung zerstörten Bombenangriffe das Haus stark. Seit 1950 wurde der erhalten gebliebene Westflügel als Generalkonsulat genutzt. Im Jahr 2003 eröffnete nach einer umfangreichen Sanierung das Gebäude als Sitz der Botschaft Italiens wieder. Das Innere wurde denkmalgerecht restauriert.

4 Japanische Botschaft

→ *Hiroshimastraße 6, 10785 Berlin,* Ⓢ Ⓤ *Potsdamer Platz*

Im Jahr 2001 hat die japanische Regierung ihre Botschaftsmitarbeiter wieder in der deutschen Hauptstadt in der Hiroshimastraße, Ecke Tiergartenstraße untergebracht. Auf dem Grundstück wurde bis 1942 nach Plänen des Architekten Ludwig Moshamer die japanische Vertretung errichtet. Der Botschaftsbau eines der Verbündeten der „Achse Berlin–Rom–Tokio" zeigte ähnlich monumentale Züge wie die Repräsentationsbauten der Nationalsozialisten. Im Herbst 1944 wurde das Bauwerk schwer beschädigt und nur provisorisch gesichert. Mitte der 80er Jahre hat man die Vorderfront originaltreu restauriert, während das Innere neu gestaltet wurde. Dort zog ein deutsch-japanisches Zentrum ein. Für die erneute Nutzung als Botschaft ergänzte man das Gebäude ab 1998 durch einen vom Architekten Ryohei Amemiya geplanten Kanzleineubau. Der Garten ist traditionell japanisch gestaltet.

Französische Botschaft am Pariser Platz im Jahr 1914

Russische Gesandtschaft Unter den Linden 7, Zeichnung von J. F. Hennig nach einem Stahlstich von C. Schulin, 1839

5 Nordische Botschaften
Felleshus / Gemeinschaftshaus
→ *Rauchstraße 1, 10787 Berlin,*
Ⓤ *Nollendorfplatz,*
Ⓢ Ⓤ *Zoologischer Garten*

Die nordischen Länder Dänemark, Schweden, Norwegen, Finnland und Island haben ihre Botschaften in einem gemeinsamen Gebäudeensemble am südlichen Rand des Tiergartens untergebracht. Der Komplex besteht aus fünf Gebäuden, die im Stil der jeweiligen Länder gehalten sind, sowie einem Gemeinschaftshaus, dem Felleshus. Dieses wird von allen Ländern gemeinsam für Veranstaltungen und Ausstellungen genutzt. Die einzelnen Botschaftsbauten werden wellenartig von einem türkisfarbenen Kupferband umschlossen, welches aus 4.000 Lamellen besteht. Mit dem 230 Meter langen Band soll die Verbundenheit der nordischen Staaten zum Ausdruck gebracht werden. Im Felleshus befinden sich neben der Lobby ein Hörsaal sowie in den oberen Stockwerken Ausstellungsflächen. Nach einem gemeinsamen Baubeginn 1997 wurde das Botschaftsgelände 1999 eröffnet. Rund 50 Millionen Euro betrugen die Baukosten. Das Ensemble wurde vom österreichisch-finnischen Architekturbüro Berger und Parkkinen entworfen.

6 Russische Botschaft,
ehem. Sowjetische Botschaft
→ *Unter den Linden 63 - 65,*
10117 Berlin, Ⓢ *Unter den Linden*

Das russische Botschaftsgebäude an der Straße Unter den Linden wirkt auf manche Betrachter wie ein monumentales Machtzentrum. Im Inneren des Gebäudes wird dieser Eindruck durch die unendlich erscheinenden Korridore sowie glamouröse Festsäle, welche mit Spiegeln, Hölzern und Glasmosaiken ausgeschmückt sind, verstärkt. Die erste ständige diplomatische Vertretung Russlands in Berlin reicht bis in die Regierungszeit von Peter dem Großen zurück. An der Stelle der heutigen Botschaft stand einst das Palais der Prinzessin Amalie von Kurland, welches 1837 von Zar Nikolaus I. gekauft wurde. Dieser ließ waggonweise russische Erde auf das Grundstück herbeitransportieren, damit sich seine Diplomaten auf heimischem Boden bewegen konnten. 1917 übernahm die neue sowjetische Regierung das Bauwerk. Im Zweiten Weltkrieg besetzten die Nazis die Botschaft und funktionierten sie zum „Ostministerium" um. Im Krieg wurde das Haus zerstört. 1949 begann die UdSSR als erste Besatzungsmacht mit der Errichtung eines neuen Botschaftsgebäudes.

7 Schweizerische Botschaft

→ *Otto-von-Bismarck-Allee 4A,*
10557 Berlin, Ⓢ *Hauptbahnhof,*
Unter den Linden

Das geschichtsträchtige Bauwerk der schweizerischen Botschaft wurde 1870/71 von dem Architekten Friedrich Hitzig errichtet und überstand als einziges Gebäude im Alsenviertel Speers Pläne zur „Welthauptstadt Germania" sowie die Bombenangriffe des Zweiten Weltkriegs. Ab 1920 diente das dreigeschossige klassizistische Stadtpalais den Eidgenossen als Kanzlei und Residenz der Gesandtschaft. Kurz vor Kriegsende besetzte die sowjetische Armee die ehemalige Privatvilla und leitete von dort aus den letzten Sturmangriff auf den Reichstag. Die Schweizer Gesandtschaftsangehörigen wurden zwei Wochen im Keller eingesperrt und danach nach Moskau gebracht. Erst Monate später kehrten sie über die Türkei wieder in die Schweiz zurück. Lange Jahre harrte die Schweizer Vertretung im Niemandsland zwischen Reichstag und Berliner Mauer aus, um sich nach der deutschen Wiedervereinigung mitten im politischen Machtzentrum der Stadt wiederzufinden. Im Oktober 1992 wurde aus dem Generalkonsulat die Außenstelle der Bonner Botschaft, und es bekam an der Ostseite einen modernen Betonkubus angebaut. Im Jahr 2000 – noch vor dem Einzug des Bundeskanzlers ins Nachbarhaus – bezog der Schweizer Botschafter sein Berliner Domizil.

8 Spanische Botschaft

→ *Lichtensteinallee 1, 10787 Berlin,*
Ⓢ Ⓤ *Zoologischer Garten*

Die spanische Botschaft gehört zu den älteren Vertretungen in Berlin. Sie wurde von 1938 bis 1943 nach Plänen der Gebrüder Walter und Johannes Krüger errichtet. Der monumentale Bau macht die engen Beziehungen Spaniens zum Dritten Reich deutlich. 1944 wurde das Gebäude durch Bomben stark beschädigt und konnte nicht weiter genutzt werden. Kurz nach Kriegsende ließ man den Kanzleiflügel an der Lichtensteinallee wiederherstellen, um das spanische Generalkonsulat dort unterzubringen. Das restliche Gebäude blieb als Ruine stehen. Von 1998 an wurde der denkmalgeschützte Komplex wiederaufgebaut und dabei grundlegend verändert. Der Kopfbau mit dem Eingang ist erhalten geblieben, nur das faschistische Relief über dem Eingangsbereich verschwand und wurde durch das offizielle Staatswappen Spaniens ersetzt.

9 US-Amerikanische Botschaft

→ *Pariser Platz 2, 10117 Berlin,*
Ⓢ *Unter den Linden*

Direkt neben der neuen Akademie der Künste und schräg gegenüber dem Brandenburger Tor befindet sich seit Beginn des Jahres 2008 das Botschaftsgebäude der Vereinigten Staaten von Amerika. Die Amerikaner erwarben das Grundstück und das sich darauf befindende „Palais Blücher" bereits 1931, nutzten es aber nur bis 1941. Nach dem Krieg befand sich im West-Berliner Stadtteil Dahlem in der Clayallee eine Vertretung der USA; die Botschaft war in Bonn. Die Botschaft der Vereinigten Staaten in der DDR war seit 1977 in der Neustädtischen Kirchstraße 4/5 ansässig. Das im Zweiten Weltkrieg zerstörte Palais am Pariser Platz lag nach der Teilung in der Sperrzone zwischen Ost- und West und wurde im April 1957 von der DDR-Regierung abgerissen. Mit der Wiedervereinigung ging das Areal in den Besitz der USA über. Am 7. Juli 1999 wurde der Sitz der US-Botschaft von Bonn nach Berlin in das alte DDR-Botschaftsgebäude verlegt. Die stark gestiegenen Sicherheitsbedürfnisse der Amerikaner nach den Anschlägen vom 11. September 2001 führten zu Verzögerungen des Baugeschehens. Markanter Punkt ist ein gläserner Konferenzsaal auf dem Dach des Gebäudes.

Französische Botschaft

Italienische Botschaft

Nordische Botschaften (Felleshus)

Schweizerische Botschaft

Spanische Botschaft

Hitler in der japanischen Botschaft

Russische Botschaft

DIE HAUPTSTADTVERTRETUNGEN DER BUNDESLÄNDER

Im förderativen System der Bundesrepublik Deutschland sind ebenfalls die 16 Bundesländer mit „Botschaften" in Berlin vertreten. Zweck dieser Institutionen ist die Kommunikation zwischen den einzelnen Ländern und der Bundesregierung, dem Bundestag und dem Bundesrat. Über die Ländervertretungen wirken die Bundesländer bei der Gesetzgebung und Verwaltung des Bundes sowie bei Vorhaben der Europäischen Union mit. Vorläufer der Landesvertretungen waren die fürstlichen Gesandtschaften der Kaiserzeit.

10 Landesvertretung Bayern, ehem. Verkehrsministerium der DDR / Bankhaus
→ *Behrenstraße 21/22, 10117 Berlin,*
Ⓤ *Französische Straße*

Zwei Löwen präsentieren über dem Haupteingang der Landesvertretung Bayerns dem Berliner Volk das bayrische Staatswappen. Im Dezember 1998 wurde das Gebäude in der Behrenstraße nach zweijähriger Umbauzeit offiziell eingeweiht. Das Haus wurde im Jahre 1912 für den Allgemeinen Schaafhausenschen Bankverein errichtet. Die Behrenstraße selbst entstand bereits nach 1674 im Zuge der zweiten Stadterweiterung. Das Gebäude war in seiner Geschichte fast durchgehend Sitz von Bank- und Handelsgesellschaften. Von 1949 bis 1990 beherbergte der Bau die Deutsche Außenhandelsbank und das Verkehrsministerium der DDR. Im Mai 1992 erwarb der Freistaat Bayern

Grundstück und Gebäude für rund 14 Millionen Euro von der Treuhandanstalt. Selbstverständlich besitzt die Vertretung auch einen Bierkeller.

11 Landesvertretung Baden-Württemberg
→ *Tiergartenstraße 15, 10785 Berlin,*
Ⓢ Ⓤ *Potsdamer Platz*

Im Sommer 2000 konnte die größte aller Ländervertretungen vom damaligen Ministerpräsidenten Erwin Teufel eingeweiht werden. Die Vertretung Baden-Württembergs befindet sich in direkter Nachbarschaft zu den Botschaften Österreichs, Indiens und Ägyptens. Das süddeutsche Bundesland erwarb das Grundstück, auf dem sich der jüdische Kaufmann und bedeutende Mäzen James Henry Simon 1891 eine Villa errichten ließ, vom Bund. 1998 wurde unter Leitung des Architekten Dietrich Bangert mit dem Neubau begonnen.

Eingangsbereich der Landesvertretung von Baden-Württemberg

Das Innere des rund 28 Millionen Euro teuren Bauwerks wird von einem Materialdreiklang aus Kirschholz, Granit und Glas bestimmt; der Eingangsbereich ist trichterförmig gestaltet. Im Haus gibt es zur Entspannung vom politischen Alltag eine Weinstube und einen Bierkeller.

12 Landesvertretung Berlin – Rotes Rathaus
→ *Rathausstraße 15, 10178 Berlin,*
Ⓢ Ⓤ *Alexanderplatz*

Die chronisch schlechte Haushaltslage Berlins gab immer wieder Anlass zur Kritik daran, dass sich das Land Berlin eine eigene teure Landesvertretung in der Hauptstadt Berlin leiste. Aus Kostengründen und infolge von Personalabbau gab das Land Berlin seine Vertretung in einem landeseigenen historischen Gebäude in der Wilhelmstraße auf und zog im Jahr 2002 in das Regierungsgebäude des Berliner Regierenden Bürgermeisters unweit des Alexanderplatzes. Das Bundesland Berlin nimmt nunmehr seine Interessen gegenüber dem Bund und seiner Hauptstadt Berlin vom Roten Rathaus aus wahr.

13 Landesvertretung Bremen
→ *Hiroshimastraße 22 – 26,*
10785 Berlin, Ⓤ *Kurfürstenstraße*

Die rote Fassade der Bremer Landesvertretung soll an die hanseatische Backsteinarchitektur erinnern. Die Vertretung der Freien Hansestadt liegt im Tiergartenviertel und besteht aus zwei Neubauten, einem viergeschossigen Hauptgebäude und einem achtgeschossigen Gästehaus, welches schon bald wegen seiner Farbe den Beinamen „Leuchtturm Roter Sand" bekam. Auf dem Grundstück standen bis 1938 Mietshäuser, die im Zuge von Albert Speers Planungen für die „Welthauptstadt Germania" abgerissen wurden. Bis 1996 war das Areal unbebaut. Es folgten die Bauarbeiten für die Bremer Vertretung. Am 10. September 1999 wurde

Fassade der Bayerischen Landesvertretung

das Bauwerk eingeweiht. Im Keller richtete man die Gaststube „Bonner Kajüte" aus der alten Landesvertretung in Bonn wieder mit ein. Ein Schiffsanker, der vor dem Bonner Haus gelegen hatte, zog ebenfalls mit an den nahen Landwehrkanal. Neben verschiedenen Vorträgen, Tagungen und Empfängen werden in der Bremer Landesvertretung auch alljährlich das landestypische „Kohl- und - Pinkel-Essen" und das „Bremerhavener Fischessen" aufgetischt.

14 Landesvertretung Hamburg, ehem. Kulturbund der DDR / „Club von Berlin"
→ *Jägerstraße 1 – 3, 10117 Berlin,*
Ⓤ *Mohrenstraße, Französische Straße*

Die Vertretung der Freien und Hansestadt Hamburg residiert in einem historischen Gebäudekomplex in der Jägerstraße, Ecke Mauerstraße. Den Hauptteil der Landesvertretung bildet das in neobarocker Sandsteinfarbe errichtete Haus Nr. 2/3. Es wurde im Jahr 1893 nach Plänen Karl von Großheims und Heinrich Kaysers für den „Club von Berlin", einem der wichtigsten großbürgerlichen Vereine der Kaiserzeit und der Weimarer Republik, errichtet. Nach dem

Zweiten Weltkrieg diente das Haus dem DDR-Kulturbund als Club der Kulturschaffenden „J. R. Becher". Das bereits 1861 entstandene und 1871 umgebaute Haus in der Jägerstraße 1 wurde ebenfalls vom Kulturbund als Verwaltungsgebäude genutzt. Im September 1998 erwarb die Stadt Hamburg beide Bauten. Die folgenden Umbaumaßnahmen wurden von den Architekten Peter Dinse, Isabell Feest und Johann Zurl geleitet. Am 14. August 2000 konnte die Landesvertretung im Beisein des Altbundeskanzlers Helmut Schmidt feierlich eingeweiht werden. Im älteren der beiden Häuser befindet sich neben Büroräumen und Gästezimmern die Bierstube „Hansekeller".

15 Landesvertretung Nordrhein-Westfalen

→ Hiroshimastraße 12 – 16, 10785 Berlin, Ⓤ Kurfürstenstraße

Im Diplomatenviertel und in Nachbarschaft zu den Botschaften Japans und der Vereinten Arabischen Emirate liegt die Vertretung des Landes Nordrhein-Westfalen. Der von den Architekten Petzinka, Pink und Partner entworfene viergeschossige Neubau zeichnet sich durch eine extravagante mehrschichtige Fassadenkonstruktion aus Glas, Holz und Stahl aus. Nur im Kellerbereich und für die Treppenhäuser wurde Beton verwendet. 1997 erwarb die Düsseldorfer Landesregierung das 5.500 m² große Grundstück, das nach der Zerstörung der einstigen Mietshäuser dort im Zweiten Weltkrieg unbebaut geblieben war. Im Mai 2000 erfolgte der erste Spatenstich für die Vertretung, die eine Hauptnutzfläche von 4.000 m² besitzt. Die Baukosten lagen bei etwa 27 Millionen Euro. In dem Gebäude befinden sich zehn Veranstaltungs- und Besprechungsräume sowie ein großer Saal, der 200 Personen Platz bietet. Zwei Konferenz- und Speisesäle liegen an der Südseite. Die Landesvertretung wurde im November 2002 eingeweiht.

16 Landesvertretung Sachsen, ehem. Staatliche Versicherung der DDR / Berliner Feuerversicherungsanstalt

→ Brüderstraße 11/12, 10178 Berlin, Ⓤ Spittelmarkt

Das Haus der heutigen Landesvertretung des Freistaates Sachsens wurde 1905 von den Architekten Konrad Reimer und Friedrich Körte als Verwaltungsgebäude für die Berliner Feuerversicherungsanstalt erbaut. Von 1949 bis 1989 befand sich hier die Generaldirektion der Staatlichen Versicherung der DDR. 1998 erwarb der Freistaat den Bau und ließ ihn vom Berliner Architekten Dietrich Dörschner sanieren und umbauen. Im Jahr 2000 wurde das 2.100 m² große Gebäude eingeweiht. Das Haus besitzt einen überdachten Innenhof und unter der Erde einen „Sachsenkeller", der 60 Personen Raum zum Feiern bietet.

17 Landesvertretung Sachsen-Anhalt, ehem.: Künstlerclub „Die Möwe" / Bülow-Palais

→ Luisenstraße 18, 10117 Berlin, Ⓢ Ⓤ Friedrichstraße

Die Vertretung des Landes Sachsen-Anhalt hat ihren Sitz seit März 2003 in der Luisenstraße in Berlin-Mitte. Das unter „Palais Bülow " bekannte dreigeschossige Haus wurde 1827/28 im spätklassizistischen Stil erbaut. Im Zweiten Weltkrieg trug es trotz der heftigen Luftangriffe nur geringe Schäden davon. 1946 richtete hier die Kulturabteilung der Sowjetischen Militäradministration in Deutschland (SMAD) den Künstlerclub „Die Möwe" ein. Der Club entwickelte sich bald zu einem kulturellen Treffpunkt in Ost-Berlin und hatte eine Reihe berühmter Gäste wie Erich Kästner, Carl Zuckmayr, Gustav Gründgens und Klaus Kinski. Nach ihrer Rückkehr aus dem amerikanischen Exil bewohnten Bertolt Brecht und Helene Weigel für kurze Zeit das Haus. Ab 1954

Restaurant „Mainhattan" in der Landesvertretung Hessen

Landesvertretung Sachsen-Anhalt

Landesvertretung Hamburg

Landesvertretung Bremen

Landesvertretung Nordrhein-Westfalen

Restaurant „Der Thüringer"

wurde es durch das DDR-Kulturministe-rium, später durch den Gewerkschafts-bund FDGB und den Kulturfonds der DDR unterstützt. 1990 musste der Club wegen Geldmangels geschlossen wer-den. Er ist inzwischen im Palais am Fes-tungsgraben wieder aktiv. Die Hambur-ger Landesbank erwarb das Haus. Als die Hamburg jedoch sein Interesse am Bülow-Palais als Sitz ihrer zukünftigen Vertretung zurückzog, entschied sich die Magdeburger Landesregierung für das

Gebäude und ließ es denkmalgerecht sanieren und mit einem Anbau bis zum S-Bahn-Viadukt erweitern.

18 Landesvertretung Thüringen
→ *Mohrenstraße 64,*
10117 Berlin, 🇺 *Mohrenstraße*

Seit 1999 hat der Freistaat Thüringen seine Berliner Vertretung in der Moh-renstraße, Ecke Mauerstraße. Das Land hatte auf diesem Grundstück be-reits ab 1933 das sogenannte Thürin-gen-Haus errichten lassen, welches im Zweiten Weltkrieg zerstört wurde. Ab 1997 entstand auf dem 750 m^2 gro-ßen Grundstück, das bis 1997 als Park-platz genutzt wurde, ein Neubau – kon-zipiert vom Architekturbüro Worschech und Partner – mit 3.000 m^2 Hauptnutz-fläche. Im Erdgeschoss befinden sich die öffentliche Gaststätte „Der Thürin-ger" und im ersten Untergeschoss die interne „Thüringenstube". Im Innenhof wurde eine rechteckige Rasenfläche an-gelegt und eine Säuleneiche als Wahr-zeichen Thüringens gepflanzt.

Thüringen-Haus in den 1930er Jahren

DIE VERTRETUNGEN IN DEN MINISTERGÄRTEN

Knapp die Hälfte der Bundesländer hat ihre Hauptstadtvertretungen „In den Ministergärten", einem Areal im Berliner Zentrum zwischen Brandenburger Tor und Potsdamer Platz. In diesem Gebiet befanden sich ab dem späten 19. Jahrhundert für die Öffentlichkeit nicht zugängliche Garten- und Parkanlagen der in der Wilhelmstraße ansässigen Ministerien des Reiches und des preußischen Staates.

Die Ministergärten dienten als Kontaktstellen zwischen den Ministerien. In den Grünanlagen trafen sich Minister und Staatssekretäre, um in Ruhe abgeschieden vom Großstadttrubel inoffizielle Gespräche führen zu können.

19 Landesvertretungen Brandenburg und Mecklenburg-Vorpommern

→ *In den Ministergärten 1 – 3, 10117 Berlin,* Ⓢ Ⓤ *Potsdamer Platz*

Aus Gründen der Wirtschaftlichkeit und wegen ihrer geographischen Nähe haben sich die Länder Brandenburg und Mecklenburg-Vorpommern für einen gemeinsamen Gebäudekomplex entschieden. Das Projekt auf dem 3.000 m² großen Grundstück wurde vom Architektenbüro von Gerkan, Marg und Partner übernommen. Das Bauwerk besteht aus zwei L-förmigen und ineinanderversetzten Bauelementen, in welchen jeweils die Vertretung eines der beiden Bundesländer Einzug gehalten hat. Die beiden Gebäude sind durch eine mehrgeschossige Halle, ein zweigeschossiges Foyer und eine einheitliche Fassade miteinander verbunden. Im Erdgeschoss befinden sich neben Veranstaltungsräumen die „Fontane-Klause" sowie die „Kajüte". Der Neubau wurde am 18. Oktober 2001 eingeweiht.

20 Landesvertretung Hessen

→ *In den Ministergärten 5, 10117 Berlin,* Ⓢ Ⓤ *Potsdamer Platz*

Das Land Hessen erwarb als erstes Bundesland das 3.000 m² große Grundstück seiner Vertretung im Jahr 1997 vom Bund. Die Grundsteinlegung fand am 17. September 1999 statt. Nach eineinhalbjähriger Bauzeit unter der Leitung der Architekten Michael Christl und Joachim Bruchhäuser wurde die hessische Landesvertretung am 31. Mai 2001 eingeweiht. Das mit rotbraunem Mainsandstein verkleidete Gebäude öffnet sich mit durchlaufenden Fensterfronten in drei Himmelsrichtungen, nur auf der Ostseite sind die Fenster schmal und aufrecht stehend. Ein augenfälliges Bauelement ist das mehr als zehn Meter waagerecht hervorstehende vierte Obergeschoss, in dem die Gästezimmer untergebracht sind. Rund 40 Mitarbeiter sind in der Vertretung beschäftigt. Im Inneren des Hauses befindet sich das Bistro „Mainhattan", das auch für die Öffentlichkeit zugänglich ist.

Vertretung Brandenburg und Mecklenburg-Vorpommern

Landesvertretung Hessen

21 Landesvertretung Niedersachsen und Schleswig-Holstein

→ *In den Ministergärten 8 – 10,
10117 Berlin,* Ⓢ Ⓤ *Potsdamer Platz*

Wie die Länder Brandenburg und Mecklenburg-Vorpommern haben sich ebenfalls aus Kostengründen Niedersachsen und Schleswig-Holstein dazu entschlossen, einen gemeinsamen Gebäudekomplex zu nutzen. Die Verwaltungsbereiche und Gästeapartements der beiden Landesvertretungen befinden sich jeweils in einem der beiden parallel stehenden, sechsgeschossigen Bauteile. Eine gläserne Halle, in der sich ein Saal für Veranstaltungen und eine Cafeteria befinden, verbindet die beiden Bauelemente miteinander. Der Komplex mit einer Hauptnutzfläche von 4.750 m² wurde von den Architekturbüros Birgit Cornelsen und Caspar Seelinger sowie Martin Seelinger und Maximilian Vogels entworfen und konnte im Juni 2001 eingeweiht werden. Im Erdgeschoss befinden sich die beiden Gaststätten „Friesenstube" und „Pesel".

22 Landesvertretung Rheinland-Pfalz

→ *In den Ministergärten 6,
10117 Berlin,* Ⓢ Ⓤ *Potsdamer Platz*

Das Land Rheinland-Pfalz zog am 18. Dezember 2000 als erstes Bundesland mit seiner Vertretung in die Ministergärten. Von 1998 an entstand auf dem ca. 3.000 m² großen Gelände unter der Leitung des Stuttgarter Architektenbüros Heinle, Wischer und Partner ein viergeschossiger U-förmiger Neubau. Das mit Natursteinen verkleidete Gebäude präsentiert sich zur Straße hin als einfacher Kubus. Der Mittelpunkt des Hauses ist ein mehrgeschossiger Lichthof. Im Erdgeschoss befinden sich ein Foyer und zwei Veranstaltungsräume, die je nach Bedarf miteinander verbunden werden können. Oberhalb des Foyers liegen die Büroräume der rund 50 Mitarbeiter. Auf dem Dach thront ein Gewächshaus, das als Panorama-Frühstücksraum dient, und in den Kellerräumen ist eine Weinstube untergebracht.

23 Landesvertretung Saarland

→ *In den Ministergärten 4,
10117 Berlin,* Ⓢ Ⓤ *Potsdamer Platz*

Im Januar 2001 feierte das Bundesland Saarland die Einweihung seiner Landesvertretung in den ehemaligen Ministergärten. Das ca. 9 Millionen Euro teure Bauwerk besitzt eine Hauptnutzfläche von 1.836 m². Die Außenwände des sechsgeschossigen rechteckigen Gebäudes bestehen aus großformatigen Betonfertigteilen. Von der Straßenseite hat man einen guten Einblick in die Eingangshalle des Hauses. Im hinteren Teil liegt ein „Haus im Garten". Ein großer Empfangssaal ist im Erdgeschoss untergebracht, in den oberen Etagen befinden sich Büro- und Verwaltungsräume.

EINRICHTUNGEN DER EUROPÄISCHEN UNION

Die Politik der Bundesrepublik wird nicht nur auf kommunaler, auf Länder- und Bundesebene gestaltet. Wichtige politische und wirtschaftliche Entscheidungen werden für die 27 Mitgliedsstaaten der Europäischen Union (EU) vom Europäischen Parlament (Sitz in Straßburg und Brüssel) und von der Europäischen Kommission in Brüssel getroffen. Wie auch in den anderen EU-Hauptstädten gibt es in Berlin Institutionen, die über die politischen Prozesse und Entscheidungen in Europa Auskunft geben.

24 Europäisches Parlament – Informationsbüro für Deutschland / Vertretung der Europäischen Kommission in der Bundesrepublik Deutschland

→ Unter den Linden 78, 10117 Berlin,
Ⓢ Unter den Linden

Das Europäische Parlament unterhält in allen Hauptstädten der EU-Mitgliedsstaaten Informationsbüros. Sie sollen als Bindeglied zwischen dem Europäischen Parlament und den Bürgerinnen und Bürgern seiner Länder dienen. Die Einrichtungen pflegen Kontakte zu den Medien und veranstalten Pressekonferenzen und Seminare mit Europaabgeordneten. In Berlin befindet sich das Büro im Europäischen Haus nahe dem Pariser Platz. Ebenfalls in diesem Gebäude hat die Vertretung der Europäischen Kommission ihren Sitz. Diese Institution versteht sich als Informationsvermittler und Ansprechpartner für Politik und Medien in der Bundesrepublik. Das von den Architekten Hans Kollhoff und Helga Timmermann geplante Europäische Haus wurde 1998 fertig gestellt. Das Büro- und Geschäftshaus hat eine Fassade aus geflammtem Sandstein. Vor dem zurückgesetzten Dachgeschoss ist eine Balustrade angebracht. Das Kupferdach soll an seinen Vorgängerbau, das Adelspalais Reichenbach, erinnern.

„Europa" unter den Linden

25 Europäisches Informationszentrum Berlin

→ Voßstraße 22, 10117 Berlin,
Ⓢ Ⓤ Potsdamer Platz

In unmittelbarer Nähe des Potsdamer Platzes und angrenzend an die kanadische Botschaft befindet sich das Europäische Informationszentrum. Dieses wurde 1996 von der Europäischen Kommission und dem Berliner Senat ins Leben gerufen und soll als Kontaktstelle für europäische Politik und insbesondere den europäischen Einigungsprozess dienen. Das Zentrum, das vorher im Jean-Monnet-Haus in der Bundesallee seinen Sitz hatte, stellt Informationen über alle Bereiche der europäischen Politik zur Verfügung und führt Seminare, Studienreisen und Ausstellungen durch. Die Einrichtung befindet sich in Trägerschaft der Deutschen Gesellschaft e.V.

Fassade des Europäischen Hauses

BERLINS GESCHICHTE

Politische Ereignisse, Einrichtungen des Landes
und historische Schauplätze der Stadt

BERLIN: VON DER STADTGRÜNDUNG BIS ZUM ENDE ALS KAISERLICHE HAUPTSTADT

Aus zwei kleinen Kaufmannssiedlungen – Berlin und Cölln – entwickelte sich im 13. Jahrhundert im heutigen Stadtteil Mitte zu beiden Seiten der Spree die Stadt Berlin. Als offizielles Gründungsdatum gilt der 28. Oktober 1237. Nach und nach entstanden die damaligen Städte und heutigen Stadtteile Köpenick, Spandau, Dahlem oder Tempelhof. Die Stadtbevölkerung halbierte sich während des Dreißigjährigen Krieges von 1618 bis 1648 auf 6.000 Personen. Königliche Residenzstadt wurde Berlin, nachdem sich Friedrich I. im Jahr 1701 zum preußischen König hatte krönen lassen. 1709 verfügte er die Vereinigung der fünf Städte Berlin, Cölln, Friedrichswerder, Dorotheenstadt und Friedrichstadt zur Haupt- und Residenzstadt. Die vergrößerte Stadt hatte jetzt 55.000 Einwohner. Zur Großstadt wurde Berlin erst unter den nachfolgenden Königen Friedrich Wilhelm I. – besser bekannt als „Soldatenkönig" – und Friedrich II. („Friedrich der Große" oder „Alter Fritz" genannt) im 18. Jahrhundert; gleichzeitig entwickelte sich Preußen zur politischen und militärischen Großmacht. Gegen Ende jenes Jahrhunderts war Berlin bereits auf über 150.000 Menschen angewachsen. Im Oktober 1806 marschierte Napoleon mit seinen Truppen durch das Brandenburger Tor. Die Stadt blieb bis 1808 von französischen Truppen besetzt. Selbstverwaltungsrechte erhielt Berlin 1809 mit dem Inkrafttreten einer neuen preußischen Städteordnung.

Nach dem Zerfall des alten Deutschen Reiches wurde 1815 auf dem Wiener Kongress der Deutsche Bund ins Leben gerufen. Dieser bestand aus 35 selbständigen Fürstenstaaten

Reichsadler von 1871

und vier freien Reichsstädten. Schon 1848 führten soziale Not, Fürstengewalt und die damit verbundene Einschränkung der politischen Freiheit des Bürgertums zur Märzrevolution. Nach einer Versammlung vor dem königlichen Stadtschloss kam es in Berlin am 18. März zu blutigen Barrikadenkämpfen mit zahlreichen Toten und Verletzten. König Friedrich Wilhelm IV. zog seine Truppen zurück und sah sich veranlasst, eine verfassungsgebende Nationalversammlung einzuberufen. Aber schon bald wurde diese vom Militär vertrieben. Daraufhin setzte der König eine preußische Regierung zu seinen Gunsten ein. Diese erließ eine Verfassung, in der unter anderem ein gesellschaftlich ungleiches Dreiklassenwahlrecht festgeschrieben wurde.

Nach dem Sieg der Deutschen im Deutsch-Französischen Krieg 1870/71 und dem Zusammenschluss der nord- und süddeutschen Staaten rief Preußen das Deutsche Reich aus. Der preußische König Wilhelm I. wurde im Spiegelsaal des Schlosses Versailles zum deutschen Kaiser gekrönt und Otto von Bismarck zum Reichskanzler ernannt. Berlin mit seinen inzwischen 800.000 Einwohnern wurde Hauptstadt dieses Kaiserreichs. Durch den wirtschaftlichen Aufschwung und die Industrialisierung entwickelte sich die Stadt zum politischen, ökonomischen und wissenschaftlichen Mittelpunkt. Zentrum der Politik wurde die Friedrichstadt, insbesondere die Wilhelmstraße. Hier siedelten sich die Reichskanzlei, das Auswärtige Amt und das Reichsamt des Innern an. Um den Pariser Platz und am Spreebogen konzentrierten sich die wichtigsten Botschaften.

Brandenburger Tor im Jahr 1986

Am 27. 10. 1806 zog Napoleon durch das Brandenburger Tor in Berlin ein. (Zeichnung von L. Wolf)

Am 9. März 1888 verstarb Kaiser Wilhelm I. und nur 99 Tage später sein Sohn und Nachfolger Friedrich III. Dessen Sohn Wilhelm II. folgte auf den Kaiserthron. Um die Bedeutung der Stadt zu untermauern, ließ Wilhelm II. repräsentative Bauten wie den Reichstag, den Berliner Dom und die Gedächtniskirche errichten. Berlin geriet zunehmend in den Blickpunkt der politischen Weltöffentlichkeit. Dazu trug auch die Entwicklung des Deutschen Reiches zur Kolonialmacht bei.

Die Millionengrenze erreichte die Einwohnerzahl 1877, 1905 waren es bereits zwei Millionen. Eine Vorreiterrolle spielte die Hauptstadt bei der Stromversorgung: 1884 gründete sie ihre Städtischen Elektrizitäts-Werke. 1879 ging in Berlin die erste elektrische Lokomotive in Betrieb und zwei Jahre später die erste elektrische Straßenbahn. Bis 1890 wurden nahezu alle Berliner Haushalte an die Trinkwasserversorgung und Abwasserbeseitigung angeschlossen. 1902 erhielt Berlin als fünfte Stadt in Europa eine U-Bahn. Sie verkehrte zwischen Warschauer Brücke und dem Knie (heute Ernst-Reuter-Platz).

Übertriebener Nationalismus, der Kampf um Absatzmärkte und Kolonien, der Rüstungswettlauf und eine starre Bündnispolitik der europäischen Großmächte mündeten in den Ersten Weltkrieg. Am 31. Juni 1914 wurde in der kaiserlichen Hauptstadt der Belagerungszustand verhängt. Deutsche Bürger und Soldaten sowie politische Parteien gingen euphorisiert und mit Hurra-Rufen dem Krieg entgegen. Kurz nach Kriegsbeginn wurden Museen, Theater und Konzerthäuser geschlossen, das kulturelle Leben in Berlin kam zum Erliegen. Mit Dauer des Krieges verschlechterte sich auch die Versorgungslage. Rohstoffe konnten nicht mehr importiert und Erzeugnisse nicht mehr exportiert werden. Da die Kriegswirtschaft zentral gelenkt wurde, entwickelte sich Berlin zur wichtigsten Industriestadt. Lebensmittel wurden allerdings immer knapper, und ab 1916 kam es in den Berliner Straßen zu „Volksspeisungen".

Ausbleibende Kriegserfolge, Hinhalteparolen von Regierung und Militär sowie die schlechte Versorgungslage führten zu einer Radikalisierung der Stimmung im Volk, und zahlreiche Streiks brachen aus. Als die Militärführung den sinnlosen Krieg immer weiter vorantrieb, fing im November 1918 in Kiel ein Aufstand der Matrosen an – die Novemberrevolution, welche bald auf ganz Deutschland überging. In vielen Städten wurden Arbeiter- und Soldatenräte gebildet. In München rief man den Freistaat Bayern aus. Am 9. November erreichte die Revolution Berlin, wo Reichskanzler Max von Baden aus Sorge vor einem politischen Umsturz die Abdankung des Kaisers bekannt gab und gleichzeitig dem SPD-Vorsitzenden Friedrich Ebert die Reichskanzlerschaft übertrug. Noch am gleichen Tag verkündete der sozialdemokratische Abgeordnete Philipp Scheidemann von einem Balkon des Reichstages aus:

„Das Alte ist nicht mehr (...) Die Hohenzollern haben abgedankt (...) Es lebe die Republik!" Kurz darauf rief der Spartakist Karl Liebknecht vom Balkon des Berliner Stadtschlosses die „Freie Sozialistische Republik Deutschland" aus. Kaiser Wilhelm II. floh ins holländische Exil und unterschrieb dort seine Abdankungsurkunde.

BERLIN IN DER WEIMARER REPUBLIK (1918 – 1933)

Mit dem „Rat der Volksbeauftragten" bildete sich am 10. November 1918 eine provisorische Reichsregierung in Berlin. Ein Tag später schloss Deutschland den Waffenstillstand von Compiègne, und der Erste Weltkrieg war beendet. Auf dem Reichsrätekongress entschied sich eine Versammlung der Arbeiter- und Soldatenräte mehrheitlich für die demokratische Grundordnung in Deutschland. Nachdem am 1. Januar 1919 die KPD gegründet worden war, kam es wenige Tage später zu Massendemonstrationen der Berliner Arbeiter gegen den Rat der Volksbeauftragten. Der Spartakusaufstand wurde von Regierungstruppen blutig niedergeschlagen. Im Berliner Tiergarten ermordeten Freikorpsoffiziere die beiden kommunistischen Anführer Rosa Luxemburg und Karl Liebknecht.

Am 19. Januar wählte das Volk eine Nationalversammlung, welche aber ab dem 6. Februar nicht mehr im unruhigen Berlin, sondern im thüringischen Weimar zusammentrat. Diese berief Friedrich Ebert (SPD) zum Reichspräsidenten und Philipp Scheidemann zum Reichskanzler. Mit der Annahme einer neuen Verfassung wurde Deutschland zur parlamentarischen Demokratie. Allerdings sprach die Verfassung dem Präsidenten – dem „Ersatzkaiser" – eine starke Machtstellung zu. Trotz der Entscheidung für die parlamentarische Demokratie blieben zahlreiche kaiserliche Offiziere und Beamte an den Hebeln der Macht. Mit der Unterzeichnung des Friedensvertrages im Schloss Versailles am 28. Juni 1919 („Versailler Vertrag") wurde Deutschland die alleinige Kriegsschuld zugesprochen. Außerdem muss-

Novemberrevolution 1918, Panzerauto mit Matrosen und Soldaten im Hof des Berliner Schlosses

ten die Deutschen zahlreiche Gebiete, vor allem im Osten, sowie ihre Kolonien abtreten. Die deutsche Truppenstärke wurde auf 100.000 Mann beschränkt, und man sah sich gezwungen, hohe Reparationsleistungen zu zahlen. Ausbleibende demokratische Reformen, der Versailler Vertrag und die parallel agierenden Freikorps lasteten auf dem neuen deutschen Staat – der praktisch eine Republik ohne Republikaner war.

In Berlin kam es Mitte März 1920 zu einem rechtsradikalen Umsturzversuch. Teile der Reichswehr und andere militärische Verbände besetzten die Regierungsgebäude und erklärten den rechtskonservativen Politiker Wolfgang Kapp zum neuen Kanzler. Während die Regierungstruppen in den Kasernen blieben, flohen Reichspräsident und Regierung

Plakat für das Palais der Friedrichstadt nach einem Entwurf von Theo Matejko, 1920

über Dresden nach Stuttgart. Das Scheitern des sogenannten Kapp-Putsches lag an einem Generalstreik der deutschen Gewerkschaften – welcher das Land lahmlegte – und am Boykott der Berliner Beamten. Dieser Putschversuch machte die Gefährdung der jungen Republik durch radikale politische Kräfte deutlich. Die Verwundbarkeit der Republik zeigte sich auch in der Ermordung der Politiker Matthias Erzberger, Kurt Eisner und Walter Rathenau. Letzterer wurde 1922 vor seiner Wohnung von Rechtsradikalen erschossen. 1923 war das „Krisenjahr" der Weimarer Republik: Die Inflation erreichte ihren Höhepunkt, und die Besetzung des Ruhrgebietes durch belgisch-französische Truppen führte zum „Ruhrkampf". In München scheiterte am 8./9. November Hitlers Putschversuch, um die Regierung Stresemanns zu stürzen, und damit der geplante „Marsch auf Berlin".

Ab 1924 stabilisierte sich allmählich die Lage in der Republik. Im Zuge des „Dawes-Plans" flossen US-amerikanische Kredite, und die deutsche Wirtschaft wurde angekurbelt. Die Einführung der „Rentenmark" und kurz darauf der „Reichsmark" sowie eine Reduzierung der Reparationsleistungen brachten den Deutschen ihre Goldenen Zwanziger Jahre. Produktion, Konsum und Volkseinkommen nahmen zwischen 1924 und 1929 zu. Diese Zeit brachte auch für die deutsche Hauptstadt große Veränderungen. Im Oktober 1920 wurden durch das „Groß-Berlin-Gesetz" sieben umgebende Städte, 59 Landgemeinden und 27 Gutsbezirke nach Berlin eingemeindet und das Stadtgebiet in 20 Bezirke eingeteilt. Die Fläche wuchs auf 880 Quadratkilometer. In Berlin lebten nun 3,8 Millionen Menschen. Im Zuge des wirtschaftlichen Aufschwungs entwickelte sich die Stadt zur größten Industriestadt des europäischen Kontinents und zur viertgrößten in der Welt. Der technische Fortschritt ermöglichte 1923 die Einführung des Rundfunks in Berlin. Der Berliner Zentralflughafen Tempelhof, das Messegelände und der Funkturm öffneten ihre Türen; die Berliner Stadt- und Ringbahn wurden elektrifiziert und das Kraftwerk West eingeweiht. 1925 hatte Berlin über vier Millionen Einwohner. Große Wohnsiedlungen entstanden in Siemensstadt, Zehlendorf und Britz.

Berlin wurde in den 1920ern auch zum kulturellen Anziehungspunkt für Schriftsteller, Künstler, Musiker, Theater- und Filmemacher. An der Spree lebten und arbeiteten Menschen wie Lionel Feininger, Alfred Döblin, Kurt Tucholsky, Carl von Ossietzky und Arnold

Zweig sowie die Nobelpreisträger Albert Einstein und Fritz Haber. Die Uraufführung von Brechts „Dreigroschenoper" fand am 31. August 1928 im Theater am Schiffbauerdamm statt. Außerdem belebten zahlreiche Kabaretts und Varietés die Stadt. In Berlin erschienen über 140 Tages- und Wochenzeitungen.

Die Außenpolitik Gustav Stresemanns – mit dem Locarno-Vertrag (1925) und dem Beitritt zum Völkerbund (1926) – gewann dem besiegten Deutschland politische Gleichberechtigung zurück. Als Reichspräsident Ebert 1925 in Berlin starb, wurde der ehemalige Feldmarschall und noch immer kaisertreue Paul von Hindenburg als Kandidat der Rechten zum neuen Staatsoberhaupt gewählt. Er hielt sich zwar an die Verfassung, wurde aber nie zum Anhänger der Republik. Um die Präsenz der 1920 gegründeten Nazi-Partei NSDAP in Berlin zu stärken und gegen die verhasste Republik Front zu machen, ernannte Parteichef Hitler im Oktober 1926 Josef Goebbels zum Gauleiter von Berlin-Brandenburg. Im „roten" Berlin zählte die Partei zu diesem Zeitpunkt gerade-

„Mein politisches Ideal ist das demokratische. Jeder soll als Person respektiert und keiner vergöttert werden."
(Albert Einstein im Jahr 1930)

mal 500 Mitglieder. Mit der Weltwirtschaftskrise begann ab 1929 der Niedergang der Weimarer Republik. Linker und rechter Radikalismus machten sich Massenarbeitslosigkeit und allgemeine soziale Not zunutze. In den Straßen Berlins kam es vermehrt zu Demonstrationen und gewalttätigen Unruhen. Auf dem Höhepunkt der Krise im Juli 1932 gab es in Deutschland sechs Millionen Arbeitslose; in Berlin waren es 600.000. Die Straßenkämpfe zwischen paramilitärischen Verbänden der extremistischen Parteien nahmen bürgerkriegsähnliche Ausmaße an. Im Reichstag fand sich keine regierungsfähige Mehrheit mehr; die Kabinette waren abhängig von der Unterstützung des Reichspräsidenten. Die bisher bedeutungslose NSDAP gewann ab 1930 sprunghaft an Gewicht, 1932 wurde sie stärkste Partei. Am 30. Januar 1933 ernannte Reichspräsident Paul von Hindenburg Adolf Hitler zum neuen Reichskanzler. Außer den Mitgliedern der NSDAP gehörten auch Deutschnationale und Konservative dem Regierungskabinett an, die zu diesem Zeitpunkt noch Hitler zu „bändigen" hofften.

BERLIN IM DRITTEN REICH (1933 – 1945)

Mit brennenden Fackeln marschierten uniformierte SA-Truppen am Abend des 30. Januars 1933 kämpferisch durch das Brandenburger Tor und die Wilhelmstraße. „Es ist fast wie ein Traum. Die Wilhelmstraße gehört uns. Der Führer arbeitet bereits in der Reichskanzlei." (Joseph Goebbels). In der Folgezeit vollzogen die Nationalsozialisten die Umwandlung der Republik in eine Diktatur. Einen entscheidenden ersten Schritt auf dem Weg zur völligen „Machtübernahme" verschafften sie sich nach dem Reichstagsbrand am 27. Februar 1933. Kaum war das Feuer gelöscht, präsentierten die Nazis einen kommunistischen Täter und hoben mit dem Inkrafttreten der „Verordnung zum Schutze von Volk und Staat" die politischen Grundrechte der Weimarer Republik aus den Angeln. Diese Bestimmung legalisierte die Verfolgung politischer Gegner der NSDAP durch Polizei und die Sturmabteilungen (SA) der NSDAP, die zur Hilfspolizei erhoben wurden. Noch in der Nacht des Reichstagsbrandes wurden Tausende Oppositionspolitiker verhaftet.

Machtdemonstration der Nationalsozialisten am 30. 1. 1933

Den Berliner Magistrat löste man am 13. März auf und setzte dafür einen NS-Stadtkommissar mit unbeschränkten Vollmachten ein. Als letzte Handlung verabschiedete der Reichstag am 23. März 1933 das „Ermächtigungsgesetz" und entmachtete sich somit selbst. Der Erlass ermöglichte Hitler das Regieren ohne Rücksicht auf Reichstag, Reichsrat und Reichspräsidenten. Schlag auf Schlag folgten die gewaltsame Auflösung von Gewerkschaften und SPD sowie die Selbstauflösungen der anderen Parteien. Politische Gegner wurden systematisch ausgeschaltet. In der Stadt Oranienburg vor den Toren Berlins entstand im März 1933 eines der ersten Konzentrationslager. In zahlreichen Gefängnissen und SA-Sturmlokalen kam es zu schweren Folterungen und Morden. Am 1. April 1933 riefen die Nazis zum „Boykott" jüdischer Geschäfte, Ärzte und Rechtsanwälte auf. Auf dem Opernplatz (heute Bebelplatz) vor der Universität verbrannten sie am 10. Mai Bücher „undeutschen Geistes".

Als Hindenburg 1934 starb, wurde Hitler auch Staatsoberhaupt. Die Reichswehr leistete von nun an ihren militärischen Eid auf den „Führer und Reichskanzler". Die Ideologie der Nazis hielt in alle Bereiche des NS-Staates Einzug. So wie im gesamten Reichsgebiet wurden auch in Berlin alle gewählten Gremien der Stadt aufgelöst und die Verwaltungen „gleichgeschaltet". Berlin entwickelte sich immer mehr zum Machtzentrum des NS-Terrors. In der Reichshauptstadt hatten neben dem Reichskanzler und den Ministerien auch die Geheime Staatspolizei (Gestapo), die SS und das Reichssicherheitshauptamt ihre Hauptquartiere. Der Volksgerichtshof verurteilte hier Oppositionelle wegen Hoch- und Landesverrats gegen den NS-Staat. Mit den erlassenen Nürnberger „Rassegesetzen" wurden die Juden in Deutschland 1935 endgültig zu Staatsbürgern zweiter Klasse.

Zu den Olympischen Sommerspielen 1936 entstanden in Berlin das Olympiastadion, die Anlagen des Reichssportfeldes und die heutige Waldbühne. Während der Spiele waren alle antijüdischen Plakate und Hetzparolen aus dem Stadtbild verschwunden.

Die Hauptstadt feierte 1937 ihr 700-jähriges Stadtjubiläum. Hitler ernannte Albert Speer zum „Generalbauinspekteur für die Reichshauptstadt Berlin" mit dem Auftrag einer Neugestaltung zur „Reichshauptstadt Germania". Mit der Annektierung Österreichs am 12. März 1938 wurde Berlin zur Hauptstadt des „Großdeutschen Reiches" erklärt.

Neun der zwölf Berliner Synagogen gingen in der „Reichspogromnacht" vom 9. auf den 10. November 1938 in Flammen auf. Die meisten der 12.000 festgenommenen Berliner Juden wurden ins Konzentrationslager Sachsenhausen deportiert. Ab April 1939 mussten viele jüdische Berliner ihre Wohnungen verlassen; sie wurden in „Judenhäusern" gettoisiert. Die Deportationen nach Auschwitz und in die übrigen Konzentrations- und Vernichtungslager begannen im Oktober 1941. Die Transporte gingen von den Güterbahnhöfen Putlitzstraße und Grunewald ab.

Um die Ermordung der europäischen Juden im Rahmen der „Endlösung" zu organisieren, kamen am 20. Januar 1942 in einer Villa am Wannsee unter der Leitung von Reinhard Heydrich Vertreter der Reichsbehörden, der Partei- und SS-Führung zur „Wannsee-Konferenz" zusammen. Der letzte Deportationszug verließ Berlin im März 1945. Von den 73.000 Juden, die noch 1941 in Berlin gelebt hatten, waren 1945 nicht einmal mehr 6.000 in der Stadt.

Als die deutsche Wehrmacht nach jahrelanger Aufrüstung am 1. September 1939 Polen überfiel, begann der Zweite Weltkrieg. In der Berliner Krolloper sprach Adolf Hitler vor den Reichstagsabgeordneten von einer deutschen Vergeltungsaktion. „Seit 5 Uhr 45 wird jetzt zurückgeschossen (...)." Erstmals warfen britische Flugzeuge im August 1940 – als Gegenreaktion auf die deutschen Luftangriffe auf London – Bomben auf Berlin. Bis zum Jahresende starben 200 Menschen; 9.000 verloren ihre Wohnungen. Der Berliner Dom, das Charlottenburger Schloss und das Zeughaus erhielten Bombentreffer. 1941/1942 wurde die Stadt Berlin selten Angriffsziel britischer Bomber, da diese sich zunächst auf das Ruhrgebiet und Norddeutschland konzentrierten. Erst ab Sommer 1943 suchten Großangriffe vermehrt Berlin heim. Im Berliner Sportpalast forderte Reichspropagandaminister Goebbels nach der deutschen Niederlage bei Stalingrad im Februar 1943 den „totalen Krieg".

Im Gebäude des Oberkommandos der Wehrmacht, dem Bendlerblock, wurden nach einem gescheiterten Attentat auf Hitler am 20. Juli 1944 Oberst Graf von Stauffenberg und seine engsten Mitverschwörer noch in der gleichen Nacht erschossen. Zahlreiche Widerständler wurden in Berlin verhaftet und hingerichtet. Die Vollstreckung der meisten Todesurteile erfolgte im NS-Zuchthaus Berlin-Plötzensee.

Sowjetische Streitkräfte überschritten im April 1945 die Berliner Stadtgrenze. Bei der „Schlacht um Berlin" standen 2,5 Millionen Rotarmisten rund einer Million Deutschen gegenüber, zusammengesetzt aus Resten der Wehrmacht, Verbänden aus Polizei und Volkssturm sowie Waffen-SS. Nachdem Hitler am 30. April 1945 im Führerbunker (unter dem Garten der Neuen Reichskanzlei) Selbstmord begangen hatte, stellten die deutschen Truppen am 2. Mai die Kampfhandlungen auf Anweisung des Oberbefehlshabers des Verteidigungsbereiches Berlin, General Helmuth Weidling, ein.
Als Zeichen des Sieges wehte auf dem Reichstag die Sowjetflagge. Mit der bedingungslosen Kapitulation des Dritten Reiches am 8. Mai 1945 in Berlin-Karlshorst war der Krieg offiziell beendet. Berlin war nun eine Trümmerlandschaft. In der Stadt gab es weder Strom noch Gas und kaum noch fließend Wasser. Eine Versorgung war nur auf dem Schwarzmarkt möglich. Zu Beginn des Krieges hatte die Stadt 4,3 Millionen Einwohner, jetzt waren es nur noch 2,8 Millionen. Über 600.000 Wohnungen und ein Fünftel der Gebäude waren zerstört. Bei den Luftangriffen kamen mindestens 50.000 Menschen ums Leben.

Die Sowjetflagge auf dem Reichstag

VON DER TEILUNG BIS ZUR WIEDERVEREINIGUNG (1945 – 1990)

Nach der Eroberung Berlins durch die Rote Armee Ende April 1945 rückten einige Wochen später amerikanische, britische und letztendlich französische Truppen in die Stadt ein. Im Juli 1945 beschlossen die Siegermächte auf Schloss Cecilienhof in Potsdam die Verwaltung Deutschlands als wirtschaftliche Einheit. Außerdem sollte Deutschland entnazifiziert und entmilitarisiert werden. Deutschland wurde in vier Zonen und Berlin in vier Sektoren eingeteilt.

Unter sowjetischem Druck zwangsvereinigten sich im April 1946 im Ostberliner Admiralspalast KPD und SPD zur Sozialistischen Einheitspartei Deutschlands (SED). Am 20. Oktober wurde Berlins erste Stadtverordnetenversammlung nach dem Krieg gewählt – die SED unterlag der in Berlin weiterhin existierenden SPD deutlich.

Hatte auf der Potsdamer Konferenz unter den Besatzern nominell noch Einigkeit über die politische und wirtschaftliche Umgestaltung des besiegten Deutschland bestanden, so kristallisierten sich in den folgenden Jahren die gravierenden Unterschiede heraus. Während die West-Alliierten demokratische Strukturen anstrebten, wollte Moskau die „Sowjetisierung" in Ostdeutschland vorantreiben. Im März 1948 verließen die Vertreter der UdSSR den für Gesamtdeutschland zuständigen Alliierten Kontrollrat und im Juli die für Berlin verantwortliche Alliierte Kommandantur. Nachdem die Verhandlungen über die Einführung einer neuen Währung für Deutschland gescheitert waren, führten die West-Alliierten mit der Schaffung der D-Mark eine separate Währungsreform in den Westzonen durch. Daraufhin sperrte die sowjetische Besatzungsmacht ihre Zonengrenzen ab und verhängte am 24. Juni 1948 eine Blockade über West-Berlin. Die West-Alliierten antworteten mit der „Luftbrücke", um die Versorgung West-Berlins aufrechtzuerhalten. Aufgrund zunehmender Behinderungen im Ostsektor verlegte die Stadtverordnetenversammlung von Groß-Berlin ihre Tagungen am 6. September 1948 in den Westteil.

Im Osten wurde ein eigener, von der SED beherrschter Magistrat eingesetzt. Damit war die politische Spaltung Berlins vollzogen. Vor diesem Hintergrund hielt der 1947 gewählte – aber von den Sowjets nicht anerkannte – Oberbürgermeister Ernst Reuter am 9. September 1948 an der Ruine des Reichstages seine legendäre Rede. Vor 300.000 Berlinern

Stalin, Truman und Churchill: „Die großen Drei" in Potsdam, Juli 1945

forderte er die „Völker der Welt" auf, „diese Stadt und dieses Volk" nicht der sowjetischen Besatzungsmacht preiszugeben. Berlin entwickelte sich zum Zentrum des Kalten Krieges.

Am 23. Mai 1949 wurde die Bundesrepublik Deutschland gegründet. Als Hauptstadt bestimmte der Parlamentarische Rat das rheinische Bonn. Die drei Westsektoren Berlins bildeten ein Bundesland; formale Oberhoheit über die Stadt behielten jedoch die Westmächte. Das Rathaus Schöneberg wurde Amtssitz des Regierenden Bürgermeisters und Tagungsort des Berliner Abgeordnetenhauses. Am 7. Oktober 1949 erfolgte im Ostteil der Stadt die Gründung der Deutschen Demokratischen Republik, und Ost-Berlin wurde als Hauptstadt der DDR in Anspruch genommen.

In den 50er Jahren traten Hunderttausende DDR-Bürger die Flucht in den Westen an. Besonders unter dem Eindruck der gewaltsamen Niederschlagung des DDR-Volksaufstandes durch russische Panzer am 17. Juni 1953 und wegen der Zwangskollektivierungen in der Landwirtschaft suchten sie nach einem Ausweg vom politischen und wirtschaftlichen Druck. Die meisten flüchteten über Berlin, wo die Grenze zwischen Ost und West noch relativ frei passierbar war. Die Besatzungszeit der Bundesrepublik endete 1955, und der Deutschlandvertrag trat in Kraft. Bestehen blieben alliierte Rechte und Vorbehalte in Fragen des Status und der Sicherheit von Berlin. Im gleichen Jahr erhielt auch die DDR ihre „Souveränität" von der Sowjetunion. Mithilfe des amerikanischen Marshallplans ging der Wiederaufbau West-Berlins zügiger voran als der Ost-Berlins. Um weitere Abwanderungsströme aus der DDR zu verhindern und um das „Schlupfloch" Berlin zu stopfen, ließ die DDR-Führung am 13. August 1961 die Grenzen um West-Berlin schließen. Noch kurz vor Baubeginn des „antifaschistischen Schutzwalls" hatte DDR-Staats- und Parteichef Walter Ulbricht erklärt: „Niemand hat die Absicht, eine Mauer zu errichten." An der scharf bewachten Grenze herrschte fortan Schießbefehl. Im Laufe der Jahre kamen mehrere hundert Menschen an der innerdeutschen Grenze ums Leben, im Bereich der 155 Kilometer langen Sperranlagen rund um West-Berlin waren es mindestens 125 Personen.

Beide Stadthälften entwickelten sich in den Jahren der Teilung getrennt voneinander. Beide Teile hatten dabei eine

> *„West-Berlin ist das Hühnerauge der Westmächte, auf das man von Zeit zu Zeit kräftig treten muss."*
> *(Nikita Sergejewitsch Chruschtschow)*

SED-Kampfgruppen auf der Westseite des Brandenburger Tores zur Abriegelung der Staatsgrenze am 13.8.1961

„Schaufensterfunktion": Die Ost-Berliner profitierten von einer besseren Versorgung als die übrige DDR. Die West-Berliner konnten sich der Unterstützung aus Bonn sicher sein. West-Berlin gelang es durch den Ausbau zur Messestadt und durch eine spezielle Berlin-Förderung, den Verlust von Arbeitsplätzen weitgehend auszugleichen. Ost-Berlin entwickelte sich zur führenden Industriestadt und zum politischen Zentrum der DDR.

Der Regierungswechsel in der Bundesrepublik führte 1969 zu einem Kurswechsel in der Ost- und Deutschlandpolitik. Unter dem sozialdemokratischen Bundeskanzler Willy Brandt erkannte die Bundesrepublik mit dem Moskauer und Warschauer Vertrag (1970) die Unverletzlichkeit der innerdeutschen und der Oder-Neiße-Grenze an. Im Gegenzug bestätigte die Sowjetunion im „Vier-Mächte-Abkommen" (1971) die engen Bindungen zwischen West-Berlin und der Bundesrepublik. Es kam zu einer Verbesserung im Transitverkehr sowie zur Aushandlung günstiger Reise- und Besuchsvereinbarungen. Mit dem Grundlagenvertrag von 1972 erkannte die Bundesrepublik die DDR an; außerdem wurde die Einrichtung botschaftsähnlicher „Ständiger Vertretungen" beider deutscher Staaten in Ost-Berlin und Bonn festgelegt.

Als geistig-kulturelle Zentren trugen beide Stadtteile maßgeblich zur politischen Entwicklung ihres jeweiligen Staates bei. In West-Berlin kam es 1967/68 zur Studentenrevolte; nachdem ein Polizist den Studenten Benno Ohnesorg am 20. Juni 1967 bei einer Protestkundgebung gegen den Besuch des persischen Schahs erschossen hatte. Auf dem Kurfürstendamm wurde am 11. April 1968 ein Attentat auf den Studentenführer Rudi Dutschke verübt. In den 70er Jahren bildete sich in West-Berlin die Hausbesetzerbewegung und in den 80er Jahren eine Alternativ-Bewegung, die auf Westdeutschland ausstrahlen sollte.

Mitte der 70er Jahre erhielten unliebsame DDR-Künstler und Wissenschaftler Veröffentlichungs-, Auftritts- und Lehrverbote. Den regimekritische Physiker Robert Havemann stellte man unter Hausarrest und der Liedermacher Wolf Biermann wurde 1976 während einer Konzertreise in der Bundesrepublik ausgebürgert. In den 80ern entwickelte sich in der DDR eine breite Umweltbewegung. Mit Beginn von „Glasnost" und „Perestroika" in der Sowjetunion nahm die oppositionelle Bürgerbewegung Mitte der 1980er Jahre zu und brachte die DDR-Führung immer mehr in Bedrängnis. Letztendlich ebnete sie den Weg für die friedliche Revolution.

Erich Honecker und Michail Gorbatschow während der Feiern zum 40. Jahrestag der DDR, 6.10.1989

Die DDR öffnet die Grenze zu Berlin-West an der Sonnenallee in Berlin-Neukölln am 9.11.1990

Anlässlich der staatlichen Luxemburg-Liebknecht-Gedenkfeier in Berlin-Friedrichsfelde trugen am 17. Januar 1988 Bürgerrechtler Transparente mit dem Rosa-Luxemburg-Zitat: „Freiheit ist immer die Freiheit des Andersdenkenden".

Über 100 Demonstranten wurden festgenommen. Am Rande der Feierlichkeiten zum 40. Jahrestag der DDR in Ost-Berlin mahnte am 7. Oktober 1989 der von der Bevölkerung umjubelte Michail Gorbatschow Reformen an. Er prägte den Satz: „Wer zu spät kommt, den bestraft das Leben." In Leipzig kamen zwei Tage später 70.000 Menschen zur Montagsdemonstration und skandierten: „Wir sind das Volk!" Die Polizei musste sich zurückziehen. Wenige Tage später trat Erich Honecker nach 18-jähriger Herrschaft zurück. Am 4. November versammelten sich Hunderttausende auf dem Alexanderplatz, um für Presse-, Versammlungs- und Reisefreiheit zu demonstrieren.

Unter dem Druck unzähliger Menschen fiel am 9. November 1989 die Berliner Mauer. Die SED musste ihren Vormachtanspruch aufgeben und wurde ab Dezember 1989 von oppositionellen Gruppen kontrolliert, wozu

> *„Generalsekretär Gorbatschow und ich stimmen darin überein, dass es das alleinige Recht des deutschen Volkes ist, die Entscheidung zu treffen, ob es in einem Staat zusammenleben will."*
>
> *(Bundeskanzler Helmut Kohl, Februar 1990)*

sich ein „Runder Tisch" bildete. Am 15. Januar 1990 stürmten aufgebrachte Demonstranten die Stasizentrale in der Normannenstraße im Berliner Stadtteil Lichtenberg und besetzten sie. Die ersten freien Wahlen der Deutschen Demokratischen Republik fanden am 18. März 1990 statt. Die siegreiche „Allianz für Deutschland" organisierte einen schnellen Beitritt der DDR zur Bundesrepublik. Am 1. Juli 1990 kam es zur Wirtschafts-, Währungs- und Sozialunion. In Moskau unterzeichneten am 12. September die DDR, die BRD sowie die vier Alliierten den „Zwei-plus-Vier-Vertrag". Mit dem darin fixierten Verzicht der Siegermächte auf ihre Rechte und Verantwortlichkeiten in Bezug auf Deutschland und Berlin gaben sie den Weg zur deutschen Wiedervereinigung frei. Mit dem Inkrafttreten des Einigungsvertrages und dem Beitritt der DDR zur Bundesrepublik vollzog sich am 3. Oktober 1990 die Wiedervereinigung Deutschlands und Berlins. Die ersten gesamtdeutschen Wahlen fanden am 2. Dezember 1990 statt. Die Berliner wählten die neuen Bundestagsabgeordneten und die Vertreter für das Abgeordnetenhaus, welches im Januar 1991 wieder einen Senat für ganz Berlin berief.

BERLIN WIRD WIEDER GESAMTDEUTSCHE HAUPTSTADT SOWIE SITZ VON PARLAMENT UND REGIERUNG

Mit der Wiedervereinigung Berlins waren auf einen Schlag zahlreiche Einrichtungen und Orte doppelt und dreifach vorhanden: Stadtzentren, Fernsehtürme, Flughäfen, Universitäten, Stromversorger, Opern, Theater, Tierparks, Staatsbibliotheken und Museen. Berlin hatte nun insgesamt 3,4 Millionen Einwohner.

Gemäß Einigungsvertrag wurde Berlin wieder zur Hauptstadt Gesamtdeutschlands. In der kurz darauf folgenden parteiübergreifenden Hauptstadtdebatte zwischen Bonn- und Berlin-Befürwortern ging es nicht darum, den Status Berlins als Hauptstadt in Frage zu stellen, sondern um die Frage des künftigen Parlaments- und Regierungssitzes. Ihren Höhepunkt erreichte die Diskussion am 20. Juni 1991 in einer zehnstündigen Bundestagsdebatte, die auch als eine der „Sternstunden des Parlaments" bezeichnet wird. Zur Entscheidung standen ein Berlin-Antrag und ein Bonn-Antrag. Mit der knappen Mehrheit von 338 zu 320 sprach der Deutsche Bundestag sich schließlich für einen Umzug nach Berlin aus. Der Bundesrat entschied sich am 5. Juli 1991 mit 38 von 68 Stimmen vorerst für Bonn als Sitz, votierte dann im Jahr 1996 jedoch ebenfalls für Berlin.

Die Bundesregierung schloss 1992 mit dem Berliner Senat und dem Land Brandenburg einen Hauptstadtvertrag ab. Das Vertragswerk regelte Einzelheiten der Zusammenarbeit sowie Berlins Funktionsfähigkeit als Sitz von Bundestag und Regierung.

Das sogenannte Berlin/Bonn-Gesetz wurde am 26. April 1994 verabschiedet. Es bestimmte die Einzelheiten des Umzuges und sollte eine „faire Arbeitsteilung" zwischen der Bundeshauptstadt Berlin und der Bundesstadt Bonn sicherstellen. So wurde beschlossen, Bundespräsidialamt, Bundeskanzleramt, Bundespresseamt und acht Ministerien nach Berlin zu verlegen. Sechs Ministerien behielten ihren Hauptsitz in Bonn. Am jeweils anderen Ort erhielten die Ministerien einen zweiten Dienstsitz.

DIE ARGUMENTE FÜR BERLIN

❧ Berlin symbolisiere als ehemals geteilte Stadt besser die Wiedervereinigung

❧ Berlin ist die größte Stadt Deutschlands

❧ Berlin sei repräsentabler in der Außendarstellung

❧ Der Regierungswechsel würde die Wirtschaft im Osten ankurbeln

❧ Viele Jahrzehnte habe sich die Bundesrepublik Berlin als Hauptstadt gewünscht

DIE ARGUMENTE FÜR BONN

❧ Die hohen Umzugskosten sollen besser für den Aufbau Ost verwendet werden

❧ Berlin ist aufgrund der NS-Diktatur politisch belastet

❧ Bonn repräsentiere besser das föderalistische System der Bundesrepublik

❧ Im Falle eines Umzugs werden der Stadt und der Region Bonn erhebliche finanzielle Nachteile entstehen. Bonn steht für vier erfolgreiche Jahrzehnte deutscher Politik

Bonn verlieh man die offizielle Bezeichnung Bundesstadt. Zudem siedelten sich als Ausgleich etliche Bundesbehörden (wie z. B. der Bundesrechnungshof und das Bundeskartellamt) am Rhein an. Viele nationale und internationale Institutionen zogen nach Bonn, und die ehemalige Hauptstadt wurde zur „UN-Stadt am Rhein". Die Region erhielt vom Bund Ausgleichszahlungen für den Verlust von Parlament und Regierung in Höhe von 1,4 Milliarden Euro. Das Land Berlin bekam dagegen einen Gesamtbetrag von 580 Millionen Euro vor allem zur Finanzierung der Verkehrsinfrastruktur zugesichert.

Die Finanzlage des Bundes und die gewaltigen Dimensionen des Hauptstadtbeschlusses führten zu einer Verzögerung des Umzugs. 1993 musste die Bundesregierung von ihrem eigentlichen Vorhaben, das Umzugsprojekt innerhalb von nur vier Jahren zu realisieren, Abstand nehmen – der Umzugstermin wurde nach hinten verschoben. Obwohl die Bauarbeiten im Bundespräsidialamt noch im Gange waren, verlegte Bundespräsident Richard von Weizsäcker im Januar 1994 als Erster seinen Dienstsitz von Bonn nach Berlin. Vom 5. Juli bis zum 30. Juli 1999 – in der parlamentarischen Sommerpause – rollten beim größten Umzugsunternehmen in der deutschen Geschichte 24 Güterzüge vom Rhein an die Spree. Unzählige Möbelwagen transportierten 120.000 Möbelstücke, 1.300 Computer, 46.000 Bücherkartons, 3.400 Kunstgegenstände, 37.000 laufende Meter Akten nach Berlin. Pro Tag waren bis zu 200 Möbelpacker bei der Arbeit. Insgesamt beliefen sich die Kosten (einschließlich der Neubauten) auf rund 10 Milliarden Euro. Über 4.000 Bundestagsmitarbeiter und 666 Abgeordnete zogen um. Seit dem 1. September 1999 wird Deutschland wieder von Berlin aus regiert; am 6. September fand im ehemaligen Reichstagsgebäude die erste Sitzungswoche des Deutschen Bundestages statt. Der Umzug an die Spree beschränkte sich

Flughafen Tegel

natürlich nicht auf Bundestag, Bundesrat, Bundespräsident, Bundeskanzleramt und Ministerien. Hinzu kamen auch die Vertretungen aller Bundesländer, die Bundesgeschäftsstellen der Parteien und ihre parteienahen Stiftungen, die diplomatischen Vertretungen aus aller Welt sowie zahlreiche Interessenverbände und Institutionen.

Seit der Verlagerung des politischen Machtzentrums nach Berlin diskutiert die Politik immer wieder darüber, ob und wann der vollständige Umzug der restlichen Ministerien erfolgen und damit die Zweiteilung der Hauptstadt beendet werden soll. 2008 arbeiten noch immer über die Hälfte der rund 18.000 Regierungsmitarbeiter in Bonn. Dies führt dazu, dass ca. 5.500 Bundesbedienstete regelmäßig zwischen den beiden Städten hin und her pendeln. Pro Jahr finden über 130.000 Dienstflüge zwischen beiden Städten statt. Allein die Pendlerflüge kosten jährlich 11 Millionen Euro. Ein kompletter Umzug würde schätzungsweise weitere 5 Milliarden Euro kosten.

Nach der Wiedervereinigung rechneten viele damit, dass die Einwohnerzahl Berlins wachsen würde. Diese Entwicklung traf nicht ein. Im Gegenteil, die Bewohnerzahl der Stadt war jahrelang leicht rückläufig, da viele Familien in das wieder zugängliche grüne Umland zogen. Heute leben fast genauso viele Menschen in der deutschen Hauptstadt wie am Tag der Deutschen Einheit im Jahr 1990: 3,4 Millionen.

POLITISCHE EINRICHTUNGEN DES LANDES BERLIN

Politische Ereignisse finden in der Bundesrepublik Deutschland nicht nur auf der Ebene des Bundes statt, sondern auch in den Institutionen der Länder und Städte. In Berlin residieren diese Einrichtungen oftmals in Bauten, welche eine interessante und bewegte Geschichte hinter sich haben.

1 Abgeordnetenhaus von Berlin, ehem. Sitz der Staatlichen Plankommission der DDR / Preußisches Abgeordnetenhaus

→ *Niederkirchnerstraße 5, 10117 Berlin,* Ⓢ Ⓤ *Potsdamer Platz*

Das Abgeordnetenhaus von Berlin ist die gewählte Volksvertretung des Bundeslandes und der Stadt Berlin. Der Tagungsort der Berliner Parlamentarier wurde einst als zweite, bürgerliche Kammer des Preußischen Landtags von Friedrich Schulze-Colditz im Stil der italienischen Hochrenaissance entworfen und 1899 eingeweiht. Im Plenarsaal des Abgeordnetenhauses tagte nach Ende des Ersten Weltkriegs die Reichsversammlung der Arbeiter- und Soldatenräte Deutschlands und stellte die Weichen für die parlamentarische Demokratie. Die radikale Linke gründete später im Festsaal des Landtags die KPD. Im Plenarsaal gründete sich 1934 der

berüchtigte Volksgerichtshof. Der ehemalige Preußische Landtag wurde von 1936 bis 1945 als Offizierskasino genutzt, nachdem Hermann Göring das Gebäude zum „Haus der Flieger" hatte umbauen lassen. Nach Beschädigungen während des Zweiten Weltkrieges wurde das Gebäude auf Befehl der Sowjetischen Militäradministration wieder instand gesetzt und diente dann dem Ministerpräsidenten der DDR, Otto Grotewohl, als Amtssitz. 1960 erfolgte der Umbau des Parlamentsgebäudes zum ständigen Sitz der Staatlichen Plankommission und Abhörstandort des Ministeriums für Staatssicherheit („Stasi"). Das Abgeordnetenhaus beschloss kurz nach der Wiedervereinigung, seinen Sitz in den ehemaligen Preußischen Landtag zu verlegen.

2 Berliner Rathaus – Rotes Rathaus
→ *Rathausstraße 15, 10173 Berlin,* Ⓢ Ⓤ *Alexanderplatz*

Ein Jahr nach der Wiedervereinigung zog am 1. Oktober 1991 der Regierende Bürgermeister von Berlin vom Schöneberger Rathaus in das Rote Rathaus, welches bereits vor dem Zweiten Weltkrieg Sitz des Berliner Regierungschefs gewesen war. Während West-Berlin ab 1949 vom Schöneberger Rathaus aus regiert wurde, nutzten ab 1955 der Ost-Berliner Magistrat und die Ost-Berliner Stadtverordnetenversammlung die Räumlichkeiten im Roten Rathaus. Der traditionelle Sitz des Berliner Bürgermeisters wurde zwischen 1861 und 1869 in zwei Bauphasen errichtet. Schon bald nach seiner Fertigstellung bekam das rote Backsteingebäude den

Demonstration am Preußischen Abgeordnetenhaus 1918

Beinamen „Rotes Rathaus". Auffälligstes Merkmal ist der fast 74 Meter hohe Turm über dem Hauptportal.

3 Rathaus Schöneberg
→ *John-F.-Kennedy-Platz 1, 10820 Berlin,* 🅄 *Rathaus Schöneberg*

Am 26. Juni 1963 verkündete US-Präsident John F. Kennedy vom Balkon des Rathauses aus „Ich bin ein Berliner" und demonstrierte somit die Schutz- und Sicherheitsbereitschaft der USA gegenüber der West-Berliner Bevölkerung. Das Rathaus Schöneberg war ab 1949 Sitz des Regierenden Bürgermeisters von Berlin und Tagungsstätte des Abgeordnetenhauses. Das von 1911 bis 1914 errichtete Gebäude stellte während des Kalten Krieges das politische Machtzentrum West-Berlins dar. In diesem Bauwerk hatten West-Berliner Stadtoberhäupter wie Ernst Reuter, Willy Brandt und Richard von Weizsäcker ihre Dienstzimmer. Im 70 Meter hohen Rathausturm hängt seit 1950 die von den USA gestiftete „Freiheitsglocke". Seinen letzten großen Auftritt hatte das Schöneberger Rathaus am 10. November 1989, als dort auf einer Kundgebung vor 30.000 Menschen Helmut Kohl, Walter Momper und Willy Brandt die deutsche Nationalhymne anstimmten. Willy Brandt prägte an diesem Abend den Satz „Jetzt wächst zusammen, was zusammengehört". Im Rathaus ist eine Dauerausstellung über Willy Brandt zu sehen. Brandts letzte Ruhestätte befindet sich auf dem Waldfriedhof in Berlin-Zehlendorf.

Altes Stadthaus vor dem Ersten Weltkrieg

4 Altes Stadthaus – Sitz der Senatsverwaltung für Inneres, ehem. Regierungssitz der DDR
→ *Klosterstraße 47, 10179 Berlin,* 🅄 *Klosterstraße*

Heute residiert im Alten Stadthaus die Berliner Senatsverwaltung für Inneres. Das Bauwerk wurde von 1902 bis 1911 als Ergänzungsbau zum Roten Rathaus errichtet. Erst als 1938 das Neue Stadthaus gegenüber in der Parochialstraße fertiggestellt worden war, erhielt das bisherige Stadthaus die Bezeichnung Altes Stadthaus. Im Zweiten Weltkrieg wurde das Haus beschädigt, blieb aber in seiner Substanz erhalten. Nach 1945 zog der Berliner bzw. Ost-Berliner Magistrat in das Haus. Von 1960 bis zum Ende der DDR war das Bauwerk Sitz des Ministerrates. In dem Haus wurde 1972 der Grundlagenvertrag zwischen der Bundesrepublik und der DDR unterzeichnet. Hier im Alten Stadthaus beriet man 1990 den Einigungsvertrag. Nach 1992 war das Gebäude Außenstelle des Bundeskanzleramtes und des Bundesministeriums für Arbeit und Sozialordnung. Der Komplex wurde Helmut Kohl als künftiges Bundeskanzleramt vorgeschlagen. Dieser lehnte das Angebot dankend ab und zog einen Neubau im Tiergarten vor. 1997 bezog die Senatsverwaltung für Inneres das Haus.

5 Neues Stadthaus – Sitz der Bezirksverordnetenversammlung Berlin-Mitte, ehem. Sitz der Stadtverordnetenversammlung

→ *Parochialstraße 1–3, 10179 Berlin,*
Ⓤ *Klosterstraße*

Das Gebäude, in dem heute das Bezirksparlament von Berlin-Mitte tagt, wurde 1937/38 als Verwaltungsbau für die Berliner Feuersozietät erbaut. Das Neue Stadthaus diente zwischen 1945 und 1948 dem Groß-Berliner Magistrat und der Stadtverordnetenversammlung als Ausweichquartier für das zerstörte Rote Rathaus. Nach der Erstürmung des Neuen Stadthauses durch kommunistische Demonstranten und der gewaltsamen Auflösung der Stadtverordnetenversammlung flohen die meisten Fraktionen in den britischen Sektor der Stadt, um dort ungehindert weiterarbeiten zu können, womit die administrative Spaltung der Stadt vollzogen war. Danach beherbergte das Neue Stadthaus bis 1955 nur noch den Ost-Berliner Magistrat und die Stadtverordnetenversammlung und bis zum Jahre 1990 einzelne Magistratsdienststellen. Nach der Wiedervereinigung zogen die Senatsverwaltung und das Landesamt für Gesundheit und Soziales ein.

Eingang des Neuen Stadthauses

6 Landeszentrale für politische Bildungsarbeit Berlin

→ *An der Urania 4–10, 10787 Berlin,*
Ⓤ *Wittenbergplatz*

1956 wurde die Landeszentrale für politische Bildungsarbeit Berlin gegründet; ist im Geschäftsbereich des Senators für Bildung, Wissenschaft und Forschung angesiedelt. Ziel der überparteilichen Einrichtung ist es, für die freiheitliche Demokratie zu werben und sich gegen Extremismus und Gewalt einzusetzen. Die Landeszentrale stellt Publikationsmaterial zur Verfügung, führt Veranstaltungen durch, fördert finanziell Veranstaltungen und Projekte und berät in Fragen politischer Bildung. Der Verwaltungsbau „An der Urania" wurde Mitte der 1960er Jahre erbaut. Auf dem Nachbargrundstück Kurfürstenstraße 115/116 befand sich während des Zweiten Weltkrieges das von Adolf Eichmann geführte „Judenreferat" IV B 4 („Judenangelegenheiten und Räumung") des „Reichssicherheitshauptamtes", das maßgeblich an der Verfolgung und Ermordung der europäischen Juden beteiligt war.

7 Der Berliner Landesbeauftragte für die Unterlagen des Staatssicherheitsdienstes der ehemaligen DDR (LStU)

→ *Scharrenstraße 17, 10178 Berlin,*
Ⓤ *Spittelmarkt*

Der Landesbeauftragte für die Stasi-Unterlagen unterstützt die Behörde der Bundesbeauftragten für die Stasi-Unterlagen, die die Akten verwaltet und Zugang gewährt, bei der Wahrnehmung ihrer Aufgaben. Der Landesbeauftragte führt im Rahmen seines Auftrages Veranstaltungen durch, berät Bürger, gibt Publikationen heraus und unterstützt Ausstellungen. Neben Berlin gibt es in den Ländern Sachsen-Anhalt, Mecklenburg-Vorpommern, Sachsen und Thüringen derartige Landesbeauftragte für die Unterlagen des Staatssicherheitsdienstes.

Ansichtskarte vom Berliner Landtagsgebäude, 1905

Rotes Rathaus

Rathaus Schöneberg, Ansichtskarte von 1951

POLITISCHE ORTE

Neben den politischen Gebäuden und Einrichtungen bietet das Berliner Stadtbild viele Orte, an denen sich bedeutende Ereignisse der Geschichte abgespielt haben. In Berlins Mitte wird an zahlreichen Plätzen mit Tafeln über die Geschichte informiert.

8 Alexanderplatz

→ *10178 Berlin,* Ⓢ Ⓤ *Alexanderplatz*

Ständig verändert der Alexanderplatz sein Erscheinungsbild. Einst war er den Berlinern als Ochsenmarkt und Paradeplatz bekannt. Auf ihm marschierten die preußischen Streitkräfte auf. Der Alexanderplatz – von den Berlinern kurz Alex genannt – erhielt seinen Namen zu Ehren des russischen Zaren Alexander, der im Jahr 1805 Berlin einen Staatsbesuch abstattete. Im Jahr 1862 bekam der Alexanderplatz einen Stadt- und Fernbahnhof und 1913 die U-Bahn. Als er 1928 endgültig dem Verkehr übergeben worden war, bildete der Platz fortan einen Verkehrsknotenpunkt, wie auch der Potsdamer Platz. Nach der Zerstörung des Platzes durch den Krieg begann die DDR 1964 mit dem Haus des Lehrers erste Neubauten zu errichten. Es folgten mehrere Hochhäuser, der Brunnen der Völkerfreundschaft, die Weltzeituhr und der nahe gelegene Fernsehturm. Am 4. November 1989 versammelten sich auf dem Alexanderplatz einige Hunderttausend Menschen, um gegen Machtmissbrauch und Verfassungsbruch zu protestieren sowie für Recht und Freiheit zu demonstrieren. Eine im Platz eingelassene Gedenktafel erinnert an dieses Ereignis.

> *„Der Platz ist nicht mehr derselbe, der er voriges Jahr war (…) Am Alexanderplatz murksen und murksen sie weiter".*
>
> *(Alfred Döblin in seinem Roman* Berlin Alexanderplatz *von 1928)*

Der Alexanderplatz als zentraler Platz in der Hauptstadt der DDR

9 Schlossplatz
→ *10115 Berlin*, Ⓢ *Hackescher Markt*

Bald wird ein weiteres Erbe aus der DDR-Zeit verschwunden sein. Seit 1976 stand auf dem Schlossplatz der Palast der Republik. In dem Mehrzweckbau auf der Spreeinsel befanden sich – in unmittelbarer Nachbarschaft von Museumsinsel und zum Berliner Dom – ein Konzert- und Konferenzsaal, ein Theater, Restaurants, Kunstausstellungen und eine Bowlingbahn. Wegen seiner unzähliger Kugelleuchten wurde das Volkshaus auch „Erichs Lampenladen" genannt. In dem Komplex tagte die Volkskammer – das weitgehend gleichgeschaltete Parlament der DDR. Nach jahrelangen und heftig geführten Diskussionen entschied der Deutsche Bundestag den Abriss des asbestverseuchten Gebäudes. Der „Rückbau" kostete den Steuerzahler 32 Millionen Euro. Bis 2015 ist ein Wiederaufbau des Stadtschlosses in moderner Form geplant. Künftig soll in dem Schlossneubau ein „Humboldt-Forum" eingerichtet werden. Geplant ist ein internationales Forum der Kunst, Kultur und Wissenschaft. Wichtige Museums-, Bibliotheks- und Forschungseinrichtungen Berlins werden hier untergebracht. 500 Millionen Euro Baukosten sind für diesen Zweck veranschlagt. Für die Übergangszeit wird auf dem Schlossplatz die provisorische Kunsthalle „White Cube" des Wiener Architekten Adolf Krischanitz errichtet.

Kurfürst Friedrich II. legte 1443 den Grundstein für ein Schloss, welches in den folgenden fünf Jahrhunderten ständig erweitert wurde und zum Ende 1.210 Räume beherbergte. Dieser Schlosskomplex war Sitz vieler preußischer Könige und deutscher Kaiser. Obwohl das Berliner Stadtschloss den Krieg einigermaßen gut überstanden hatte, veranlasste die DDR-Regierung im Jahr 1950 die Spren-

Das Berliner Stadtschloss vor dem Zweiten Weltkrieg

gung. Der Platz wurde in Marx-Engels-Platz umgetauft und diente der DDR zeitweise als Aufmarschplatz für Großdemonstrationen und als Parkplatz.

10 European School of Management and Technology, ehem. Bundeskanzleramt / Staatsratsgebäude der DDR
→ *Schlossplatz 1, 10115 Berlin*, Ⓤ *Hausvogteiplatz*

Direkt am Schlossplatz befindet sich seit 2006 im ehemaligen Staatsratsgebäude der DDR die European School of Management and Technology. Die Institution ist eine private Hochschule für angehende Manager, die hier in die Spielregeln des Kapitalismus eingewiesen werden. Das Bauwerk wurde von 1962 bis 1964 errichtet und diente Walter Ulbricht, Erich Honecker und Egon Krenz als Dienstsitz. Bei dem auffallenden Mittelbau handelt es sich um eine Rekonstruktion des alten Portals IV des Stadtschlosses, von

„Eine bessere Symbiose aus ostdeutscher Planwirtschaft und europäischer Marktwirtschaft kann man sich nicht vorstellen." (Bundeskanzlerin Angela Merkel bei der Eröffnung der European School of Management and Technology 2006)

dessen Balkon aus Karl Liebknecht am 9. November 1918 die „Freie Sozialistische Republik Deutschland" ausrief. Nach der Auflösung der DDR zog kurz der Bundesnachrichtendienst in das Haus am ehemaligen Marx-Engels-Platz. Danach wurde das Gebäude für öffentliche Events, Partys und Ausstellungen genutzt. Bis zur Fertigstellung des neuen Kanzleramtes regierte Bundeskanzler Schröder von 1999 bis 2001 im ehemaligen Staatsratsgebäude.

11 Wilhelmstraße

→ *10117/10963 Berlin,* Ⓢ *Unter den Linden,* Ⓤ *Mohrenstraße und Hallesches Tor*

Vom ursprünglichen Erscheinungsbild der Wilhelmstraße ist nicht mehr viel übrig geblieben. Und auch ihre politische Bedeutung, die sie einst besaß, spielt heute eher eine untergeordnete Rolle. Die geschichtsträchtige Straße erstreckt sich in Nord-Süd-Richtung vom Reichstagufer bis hinunter zum Halleschen Tor in Kreuzberg und quert dabei die Straße Unter den Linden und die Leipziger Straße. Entlang der Wilhelmstraße befinden sich u. a. das ARD-Hauptstadtstudio, die Botschaften von Ungarn, Großbritannien und Tschechien. Als Rückennachbar zur tschechischen

Vertretung residiert in einem DDR-Plattenbau die Botschaft Nordkoreas. Weitere Bauten von politischer Bedeutung an der Wilhelmstraße sind einige Bundesministerien (Finanz-, Verbraucherschutz und Arbeitsministerium) sowie das Willy-Brandt-Haus der SPD am südlichen Ende. Die ab 1731 unter dem Namen Husarenstraße angelegte Straße wurde 1740 nach dem verstorbenen König Friedrich Wilhelm I. umbenannt. Sie war seit Beginn des 19. Jahrhunderts das Zentrum des Regierungsviertels. An ihr entlang hatten sich die wichtigsten Ministerien Preußens und des Deutschen Reiches sowie die Botschaften der Großmächte niedergelassen. Ab 1933 befanden sich hier ebenfalls die Machtzentralen der Nationalsozialisten. Adolf Hitler, Hermann Göring, Heinrich Himmler, Joseph Goebbels, Rudolf Heß und Reinhard Heydrich hatten entlang der Straße ihre Amtssitze. Nach dem Zweiten Weltkrieg wurden die meisten Gebäude in der fast völlig zerstörten Wilhelmstraße abgetragen. Die DDR ließ in den 80er Jahren auf dem Brachland nahe der Mauer zahlreiche moderne Wohn- und Geschäftshäuser errichten. Dabei wurde der Wilhelmplatz mit seiner 250jährigen Geschichte beseitigt. Etliche Informationsstelen berichten über die Geschichte der Straße.

DDR-Staatsratsgebäude in den späten 1970er Jahren

Revolution 1918/19, Geschütz in Stellung auf dem Alexanderplatz in Richtung Landsberger Straße

Palast der Republik, Ansichtskarte von 1981

Fernsehturm am Alexanderplatz

Reichspräsidentenpalais in der Wilhelmstraße 73, 1947

POLITISCHE ORGANISATIONEN

Bundestagsparteien, politische Stiftungen,
Interessenvertretungen, Organisationen,
Einrichtungen des Bundes

DIE PARTEIZENTRALEN DER IM BUNDESTAG VERTRETENEN PARTEIEN

Eine Partei bezeichnet eine von politisch gleichgesinnten Menschen ins Leben gerufene Vereinigung. Die Parteien verfolgen bestimmte gesellschaftliche oder wirtschaftliche Vorstellungen, die in Parteiprogrammen festgehalten sind. Oberstes Ziel einer Partei ist in der Regel die Übernahme der Regierungsverantwortung, um ihre Vorstellungen zu verwirklichen.

1 Bundesgeschäftsstelle der Christlich Demokratischen Union Deutschlands (CDU), (Konrad-Adenauer-Haus)
→ *Klingelhöferstraße 8, 10785 Berlin,*
🚇 *Nollendorfplatz*

Die Parteizentrale der CDU hat ihren Sitz am südlichen Rand des Tiergartens, direkt am Landwehrkanal und in Nachbarschaft vieler Botschaften und Verbände. Vor der Wiedervereinigung diente das Gesamtareal des Klingelhöferdreiecks der West-Berliner Bevölkerung als Zirkus- und Rummelplatz. 1997 kaufte die Partei die 3.000 m² große Südspitze des Geländes und ließ dort ihre sechsstöckige ellipsenförmige Parteizentrale errichten. Um das Gebäude herum ist eine äußere Glasfassade in Form eines Dreiecks angebracht. Das 30 Millionen Euro teure Bauwerk, das an den Bug eines riesigen Schiffes erinnert, wurde nach dem ersten Vorsitzenden der Partei, Konrad Adenauer, benannt. Zentrum des Konrad-Adenauer-Hauses ist ein lichtdurchflutetes Atrium. Der größte Raum ist der Pressesaal, der mit 1.200 Plätzen fast doppelt so groß ist wie der Plenarsaal des Bundestages. Die Christlich Demokratische Union, der heute bundesweit ca. 560.000 Mitglieder angehören, wurde

„Jede Partei ist für das Volk da und nicht für sich selbst." (Konrad Adenauer)

„Selbst bei einer absoluten Mehrheit ist es Aufgabe der Partei, weiter zu denken, als die Regierung handeln kann. Ist die Regierung zufrieden mit der Partei, dann hat die Partei nicht weit genug gedacht." (Egon Bahr)

nach dem Zweiten Weltkrieg als Sammlungsbewegung ehemaliger Politiker der Zentrumspartei, nationalkonservativer Parteien und christlicher Gewerkschafter gegründet.

2 Bundesgeschäftsstelle der Sozialdemokratischen Partei Deutschlands (SPD), (Willy-Brandt-Haus)
→ *Wilhelmstraße 141, 10963 Berlin,*
🚇 *Hallesches Tor*

Die älteste Partei Deutschlands hat ihre Parteizentrale am südlichen Ende der Wilhelmstraße, Ecke Stresemannstraße angesiedelt. Die Wurzeln der Sozialdemokratischen Partei, die heute 550.000 Mitglieder hat, liegen in dem 1863 von Ferdinand Lassalle gegründeten Allgemeinen Deutschen Arbeiterverein. Das Haus wurde 1996 eingeweiht und nach dem früheren Bundeskanzler und Parteiführer Willy Brandt benannt. Im großen Foyer des Erdgeschosses wacht eine 3,50 Meter hohe Bronzefigur des ehemaligen Parteichefs über die Arbeit seiner Parteigenossen. Im Sommer 1999 zog der SPD-Parteivorstand zeitgleich mit Regierung und Bundestag von Bonn nach Berlin um. Mit dem neuen Standort kehrte die Partei an ihren historischen Ursprung im alten Arbeiterbezirk Kreuzberg zurück. In den Jahren 1914 bis 1933 hatte die SPD im „Lindenhof" in der nahe gelege-

CDU-Zentrale, Berlin

Willy Brandt vor dem Brandenburger Tor im Jahr 1986 anlässlich der „25 Jahre Mauer"-Gedenkfeier

nen Lindenstraße ihre Zentrale. Dort waren Parteivorstand, Parteischule und parteieigene Betriebe untergebracht. Nach der Machtübernahme der Nazis wurde der „Lindenhof" enteignet. Im Zweiten Weltkrieg wurde der Bau schwer beschädigt und danach abgerissen.

3 Bundesgeschäftsstelle der Freien Demokratischen Partei (FDP), (Thomas-Dehler-Haus), ehem. Zentrale der Demokratischen Bauernpartei / Krankenhaus
→ *Reinhardtstraße 14, 10117 Berlin,*
Ⓢ Ⓤ *Friedrichstraße*

Nicht weit vom Friedrichstadtpalast entfernt befindet sich die Zentrale der FDP. Die Partei wurde 1948 gegründet und definiert sich bis heute als liberale und marktwirtschaftlich orientierte Organisation. Sie hat ca. 65.000 Mitglieder.

Das heute unter Denkmalschutz stehende Gebäude der FDP-Zentrale wurde 1911/12 errichtet und diente einst als Krankenhaus. Bereits 1938 musste das Haus wegen Baufälligkeit geschlossen werden. Trotzdem überstand das Bauwerk fast unbeschadet den Zweiten Weltkrieg. Zu DDR-Zeiten waren in dem Haus die Demokratische Bauernpartei und der Deutsche Landwirtschaftsverlag untergebracht. 1994 erwarb die FDP den Komplex. Die FDP-Bundesgeschäftsstelle trägt den Namen des ersten Bundesjustizministers und FDP-Vorsitzenden Thomas Dehler und wurde im Juli 1999 bezogen. Eigentlich hatte die Partei darauf spekuliert, ihren Sitz im Haus der Ost-Liberalen, der LDPD, in der Mohrenstraße nehmen zu können. Der dortige Bau gelangte jedoch in den Besitz des Zentralverbandes des Deutschen Handwerks.

St.-Maria-Victoria-Krankenhaus in den 1920er Jahren

Bundesgeschäftsstelle der SPD

Bundesgeschäftsstelle der CDU

Bundesgeschäftsstelle der FDP   Atrium der Bundesgeschäftsstelle der CDU

Bundesgeschäftsstelle von Bündnis 90 / Die Grünen

Banner von Bündnis 90 / Die Grünen

Von den Nazis besetzte KPD-Zentrale in den 1930er Jahren

Bundesgeschäftsstelle der Partei Die Linke

4 Bundesgeschäftsstelle von Bündnis 90 / Die Grünen, ehem. Miets- und Bürohaus

→ Platz vor dem Neuen Tor 1, 10115 Berlin, **U** Zinnowitzer Straße

1993 entstand die Partei Bündnis 90 / Die Grünen aus der Vereinigung des Bündnis 90, einem Zusammenschluss ostdeutscher Bürgerrechtsbewegungen, und der westdeutschen basisdemokratisch-ökologischen Partei Die Grünen, die sich im Januar 1980 als Umwelt-, Friedens-, Anti-Atomkraft- und Frauenrechtspartei gegründet hatte. Die Parteizentrale ist in einem typischen Berliner Mietshaus aus dem 19. Jahrhundert nahe der Berliner Charité untergebracht. Nach Beschädigungen während des Zweiten Weltkrieges wurde das fünfstöckige Gebäude wiederhergestellt und diente einer Metallhandelsgesellschaft als Sitz. Bis zum Ende der DDR befanden sich in dem Haus, das von Trümmergrundstücken umgeben war, Büros.

ERNST THÄLMANN
DER FÜHRER DER DEUTSCHEN
ARBEITERKLASSE
DER HELDENHAFTE KÄMPFER
GEGEN FASCHISMUS
UND KRIEG
ARBEITETE IN DIESEM HAUSE

Ernst-Thälmann-Gedenktafel am Karl-Liebknecht-Haus

Am 30. September 1999 war die Parteizentrale bezugsfertig. Bündnis 90 / Die Grünen haben heute rund 45.000 Mitglieder. Im gleichen Gebäudekomplex ist auch die Jugendorganisation der Partei untergebracht. Ihr Eingang befindet sich auf der Rückseite des Hauses.

5 Bundesgeschäftsstelle der Partei Die Linke (Karl-Liebknecht-Haus)

→ Kleine Alexanderstraße 28, 10178 Berlin, **U** Rosa-Luxemburg-Platz

Am 16. Juni 2007 ging aus dem Zusammenschluss der ostdeutschen PDS und der westdeutschen Wahlalternative Arbeit und soziale Gerechtigkeit (WASG) die Partei Die Linke hervor. Deutschlandweit hat sie ca. 70.000 Mitglieder.

Die Bundesgeschäftsstelle der Partei, die sich in einem Gebäude nahe dem Alexanderplatz nur wenige Meter vom Theater Volksbühne entfernt befindet, ist eindeutig die geschichtsträchtigste aller Parteizentralen. 1926 erwarb das Zentralkomitee der Kommunistischen Partei Deutschlands (KPD) das 1911 errichtete Geschäftshaus, ließ es umbauen und benannte es nach Karl Liebknecht, dem 1919 ermordeten Sozialisten und Mitbegründer der KPD. Das Arbeitszimmer von Ernst Thälmann befand sich im dritten Stock, an der nördlichen Ecke des Gebäudes. Neben Walter Ulbricht und Wilhelm Pieck ging hier auch Herbert Wehner ein und aus. Die KPD wurde am 1. März 1933 verboten und die Parteizentrale von den Nazis geschlossen. Bereits wenige Tage später wurde das Haus nach Horst Wessel benannt, einem getöteten Berliner SA-Sturmführer. 1935 zogen die „Arisierungsstelle" und die preußische Finanzverwaltung in das Horst-Wessel-Haus.

Die SA-Führung der Gruppe Berlin-Brandenburg übernahm im Jahre 1937 das Gebäude. Nach dem Zweiten Weltkrieg nahm die SED das Haus in Beschlag und seit Ende der fünfziger Jahre nutzte das Institut für Marxismus-Leninismus einen Großteil der Räume. Im Erdgeschoss wurde 1981 eine Thälmann-Gedenkstätte eingerichtet. Sie war die größte der fast 150 Thälmann-Gedenkstätten in der DDR. 1977 stellte man das Gebäude unter Denkmalschutz. Seit Mai 1990 hatte hier die SED-Nachfolgepartei PDS ihr Hauptquartier. Am Rosa-Luxemburg-Platz, der früher einmal Bülowplatz hieß, war 1933 der damalige Bereitschaftsführer des Parteiselbstschutzes der KPD und spätere Stasi-Chef Erich Mielke an der Ermordung zweier Polizisten beteiligt.

DIE PARTEINAHEN STIFTUNGEN

Die politischen Stiftungen orientieren sich zwar an den Grundsätzen der ihnen nahestehenden Parteien, sind jedoch in ihrer Satzung und Organisation von diesen unabhängig. Die Tätigkeitsbereiche der Stiftungen liegen in der politischen Bildungsarbeit, der Vergabe von Stipendien sowie der wissenschaftlichen Forschung. Auf internationaler Ebene fördern sie demokratische Strukturen sowie die wirtschaftliche Unabhängigkeit von Partnerstaaten. Alle großen Parteien in Deutschland besitzen auf Bundesebene und oft auch auf Länderebene solche Einrichtungen. Der ehemalige Bundespräsident Roman Herzog bezeichnete die „Erziehung zur Demokratie" als „permanente und eigentliche Aufgabe der politischen Stiftungen".

6 Friedrich-Ebert-Stiftung

→ *Hiroshimastraße 17, 10785 Berlin,*
Ⓤ *Kurfürstenstraße*

Südlich des Tiergartens und inmitten des Botschaftsviertels hat die SPD-nahe Friedrich-Ebert-Stiftung seit Dezember 1999 ihr Berliner Quartier, während sich ihr Hauptsitz weiterhin in Bonn-Bad Godesberg befindet. Die Friedrich-Ebert-Stiftung ist die älteste aller parteinahen Stiftungen und wurde im Jahr 1925 gegründet. Bereits in seinem Todesjahr wurde sie als politisches Vermächtnis des ersten demokratisch gewählten Reichspräsidenten Friedrich Ebert geschaffen. Der aus einer Handwerker-familie stammende Sozialdemokrat Ebert hatte selbst den Aufbau einer solchen Stiftung angeregt, um begabten Kindern aus Arbeiterfamilien die Chance einer besseren Schul- und Hochschulbildung zu geben sowie die politische und gesellschaftliche Bildung von Menschen aus allen Lebensbereichen im Geiste von Demokratie und Pluralismus zu fördern. 1933 verboten die Nazis die Institution; 1947 wurde die Stiftung wiederbegründet. In fast zweijähriger Bauzeit entstand bis 1999 ein modernes Konferenz- und Seminarzentrum. Zentrum des Gebäudekomplexes ist ein kreisrunder verglaster Vortragssaal.

Friedrich Ebert bei der dritten Reichsverfassungsfeier im Jahre 1922

7 Konrad-Adenauer-Stiftung

→ *Klingelhöferstraße 23, 10785 Berlin,* Ⓢ Ⓤ *Potsdamer Platz*

Die Konrad-Adenauer-Stiftung ist eine CDU-nahe Einrichtung mit Sitz in Sankt Augustin bei Bonn sowie in Berlin. Sie trägt seit 1964 den Namen des ersten Bundeskanzlers der Bundesrepublik Deutschland Konrad Adenauer und ist aus der Gesellschaft für christlich-demokratische Bildungsarbeit hervorgegangen. Die Stiftung setzt sich national und international mit politischer Bildungsarbeit für Frieden, Freiheit, soziale Marktwirtschaft und Demokratie ein. Die Büros der Stiftungsmitarbeiter sind nur wenige Schritte von der CDU-Parteizentrale entfernt. Neben dem Bürogebäude unterhält die Stiftung in der Tiergartenstraße 35 eine Akademie mit einem Vortragssaal (Forum). Hier finden diverse Veranstaltungen statt.

8 Friedrich-Naumann-Stiftung für die Freiheit

→ *Karl-Marx-Straße 2, 14482 Potsdam,* Ⓢ Ⓡ *Griebnitzsee*

Etwas abseits des Berliner Großstadttrubels hat die FDP-nahe Friedrich-Naumann-Stiftung ihren Hauptsitz. Die Einrichtung, die 1958 vom ersten Bundespräsidenten der Bundesrepublik, dem liberalen Politiker Theodor Heuss, gegründet wurde, residiert im ehemaligen Truman-Haus in Potsdam-Babelsberg. Die Villa wurde 1891 für den Berliner Fontane-Verleger Carl Müller-Grothe erbaut. 1945 wohnte während der Potsdamer Konferenz der amerikanische Präsident Truman in diesem Gebäude, das er sogleich „Little White House" taufte. Danach zog bis zu seiner Ablösung 1946 der erste Oberkommandierende der sowjetischen Streitkräfte, Marschall Schukow, in das Domizil ein. Später beherbergte das Haus, welches bis zum Ende der DDR direkt an der Berliner Mauer stand, eine Oberschule und ein Möbellager. Die Friedrich-Naumann-Stiftung erwarb es 1998. Nach einem Brandanschlag wurde es hergerichtet und konnte 2001 wieder in Betrieb genommen werden. In der Berliner Reinhardtstraße 12 unterhält die Stiftung ihre Hauptstadtbüros.

9 Hanns-Seidel-Stiftung

→ *Unter den Linden 78, 10117 Berlin,* Ⓢ *Unter den Linden*

„Im Dienst von Demokratie, Frieden und Entwicklung" umschreibt die CSU-nahe Hanns-Seidel-Stiftung ihre Arbeit und ihren Auftrag. Zwar befindet sich die Par-

Friedrich-Naumann-Stiftung im ehemaligen Truman-Haus in Potsdam-Babelsberg am Griebnitzsee

Friedrich-Ebert-Stiftung an der Hiroshimastraße

Hanns Seidel (1901 – 1961)

Entwurf für das neue Gebäude der Heinrich-Böll-Stiftung

John F. Kennedy, Willy Brandt und Konrad Adenauer (v. l. n. r.) am 26.6.1963 in Berlin

teizentrale der bayrischen CSU in München, dennoch ist sie mit ihrer Stiftung in der deutschen Hauptstadt vertreten. Die Berliner Repräsentanz dieser Institution hat ihre Räumlichkeiten seit März 2007 im Europäischen Haus, nahe dem Pariser Platz und dem Brandenburger Tor. Vor dem Umzug der Zweigstelle in die Berliner Mitte hatte die im Jahr 1967 gegründete Stiftung ihre Büros in der Bruno-Möhring-Straße im Stadtteil Marienfelde. Neben ihrer Zentrale in München besitzt die nach dem ehemaligen bayrischen Ministerpräsidenten Hanns Seidel benannte Einrichtung auch ein Bildungszentrum am Fuße der Alpen in Wildbad Kreuth.

10 Heinrich-Böll-Stiftung
→ *Schumannstraße 8, 10117 Berlin,* Ⓢ Ⓤ *Friedrichstraße ,* Ⓤ *Oranienburger Tor*

Seit dem Frühjahr 2008 sitzt die parteinahe Stiftung von Bündnis 90/Die Grünen in der Schumannstraße, nur wenige Meter vom Deutschen Theater entfernt. Zuvor hatten die 180 Mitarbeiter ihre Räumlichkeiten in den Hackeschen Höfen. Die nach dem Schriftsteller Heinrich Böll benannte Stiftung ist 1997 aus dem Stiftungsverband Regenbogen hervorgegangen, dem Dachverband der drei Stiftungen Buntstift (Göttingen), Frauen-Anstiftung (Hamburg) und Heinrich-Böll-Stiftung (Köln). Primäre Aufgabe der Einrichtung ist die

politische Bildung im In- und Ausland zur Förderung der demokratischen Willensbildung, des gesellschaftspolitischen Engagements sowie der Völkerverständigung. Ferner fördert die Stiftung Kunst und Kultur, Wissenschaft und Forschung sowie Entwicklungsarbeit.

11 Rosa-Luxemburg-Stiftung
→ *Franz-Mehring-Platz 1, 10249 Berlin,* Ⓢ Ⓡ *Ostbahnhof,* Ⓤ *Weberwiese*

Die Rosa-Luxemburg-Stiftung ist aus der 1990 gegründeten Organisation Gesellschaftsanalyse und politische Bildung e.V. hervorgegangen und wurde 1992 von der Partei des Demokratischen Sozialismus (PDS) – heute Die Linke – als parteinahe Stiftung anerkannt. 1999 bekam die Einrichtung den Namen der während des Spartakusaufstandes 1919 ermordeten Kommunistin

Rosa Luxemburg (1871 - 1919)

Rosa Luxemburg. Die Stiftung hat ihren Sitz in einem Plattenbau unweit des Ostbahnhofes. Der Gebäudekomplex beherbergte einst den Verlag und die Druckerei „Neues Deutschland", das Zentralorgan der Sozialistischen Einheitspartei Deutschlands (SED).

Rosa-Luxemburg-Stiftung

POLITISCHE EINRICHTUNGEN DES BUNDES UND UNABHÄNGIGE ORGANISATIONEN

In der deutschen Hauptstadt existieren zahlreiche Bundesbehörden oder vom Bund ins Leben gerufene Institutionen, die sich mit politischen, historischen und gesellschaftlichen Themen beschäftigen. Hinzu kommen viele unabhängige Organisationen, die mit diesem Aufgabenspektrum befasst sind.

12 Bundeszentrale für politische Bildung (Medien- und Kommunikationszentrum Berlin)

→ *Stresemannstraße 90/Anhalter Straße 20, 10963 Berlin,* Ⓢ *Anhalter Bahnhof*

Die Bundeszentrale für politische Bildung wurde 1952 als Bundeszentrale für Heimatdienst gegründet und ist eine dem Bundesministerium des Innern nachgeordnete Bundesbehörde mit Hauptsitz in Bonn. In Berlin unterhält die Institution ein Medien- und Kommunikationszentrum. Die Kernaufgaben sind die Förderung des demokratischen Bewusstseins und die politische Teilnahme der Bürgerinnen und Bürger Deutschlands. Das Ziel, dem Menschen ein modernes Demokratieverständnis näherzubringen, versucht die Bundeszentrale zu erreichen, indem sie zahlreiche Veranstaltungen, Studienreisen sowie Publikationen und Internetangebote zu historischen, gesellschaftlichen und kulturellen Themen anbietet. Die Einrichtung hat ihren Berliner Sitz im sogenannten Deutschlandhaus, am Anhalter Bahnhof, das zwischen 1927 und 1931 erbaut wurde.

13 Die Bundesbeauftragte für die Unterlagen des Staatssicherheitsdienstes der ehemaligen Deutschen Demokratischen Republik (BStU)

→ *Karl-Liebknecht-Straße 31/33 10178 Berlin,* Ⓢ Ⓤ *Alexanderplatz*

Birthler-Behörde wird die BStU umgangssprachlich genannt. Die Stasi-Unterlagenbehörde mit ihrer derzeitigen Leiterin Marianne Birthler ist eine von den Mitgliedern der Bürgerkomitees und der Bürgerrechtsbewegung im Zuge der friedlichen Revolution von 1989 erkämpfte Einrichtung zur Sicherung der Unterlagen des Staatssicherheitsdienstes (MfS oder Stasi) der DDR. Im Dezember 1991 verabschiedete der Deutsche Bundestag das „Stasi-Unterlagengesetz" und gründete daraufhin die Behörde mit 14 Außenstellen. Fast 40 Jahre lang spionierte die Stasi Millionen DDR-Bürger, aber auch Bürger in der BRD oder anderen Staaten aus und sammelte unzählige Informationen über sie. Dabei wurden das Bank- und Postgeheimnis, die ärztliche Schweigepflicht, die Unverletzbarkeit der Wohnung von der Stasi missachtet. Bis heute haben rund 1,6 Millionen Personen von der Möglichkeit Gebrauch gemacht, in die über sie angelegten Akten Einblick zu nehmen. Einschließlich der Anträge auf Entschlüsselung von Decknamen wurden ca. 2,4 Millionen Anträge gestellt. Insgesamt produzierte die Stasi 40 Millionen Karteikarten und rund 180 Kilometer Akten. Diese Dokumente lagern im Hauptarchiv der BStU in der ehemaligen Stasi-Zentrale in Lichtenberg sowie in den 13 Archiven der Außenstellen der Bundesbeauftragten. In der Mauerstraße 38, Berlin-Mitte, unterhält die BStU ein Informations- und Dokumentationszentrum (IDZ), das dem Besucher nähere Informationen über die Praktiken des DDR-Überwachungsapparates bietet. Die Dauerausstellung befindet sich in den Räumen des ehemaligen Innenministeriums der DDR.

14 Bundesstiftung zur Aufarbeitung der SED-Diktatur

→ *Kronenstraße 5, 10117 Berlin,* Ⓤ *Mohrenstraße*

Seit November 2007 befindet sich die Geschäftsstelle der Bundesstiftung zur Aufarbeitung der SED-Diktatur in einem modernen Gebäude nahe dem Gendarmenmarkt, nachdem sie jahrelang in einem tristen Plattenbau am Alexanderplatz untergebracht war. Die Institution wurde im Juni 1998 auf Empfehlungen der beiden Enquete-Kommissionen „Aufarbeitung von Geschichte" und „Folgen der SED-Diktatur in Deutschland" durch den Deutschen Bundestag ins Leben gerufen wurde. Die Stiftung berät und fördert Projekte, Bildungseinrichtungen, Verbände, Archive und Wissenschaftler, zudem bringt sie eigene Publikationen heraus. Weiterhin unterstützt sie die Beratung und Betreuung von Opfern politischer Verfolgung, fördert die internationale Zusammenarbeit bei der Aufarbeitung von Diktaturen und vergibt Stipendien und Preise. Im neuen Stiftungsgebäude gibt es einen Lesesaal für die Spezialbibliothek und das Stiftungsarchiv, in welchem 34.000 Fachbücher, 20.000 Fotografien sowie das „Archiv unterdrückter Literatur" eingesehen werden können.

15 Stiftung Erinnerung, Verantwortung und Zukunft

→ *Markgrafenstraße 12 – 14, 10969 Berlin,* Ⓤ *Kochstraße*

Ihren Sitz hat die Stiftung Erinnerung, Verantwortung und Zukunft unweit des Jüdischen Museums in Kreuzberg. Im August 2000 wurde die Einrichtung vom Bund und der Stiftungsinitiative der deutschen Wirtschaft ins Leben gerufen. Ziel war die individuelle finanzielle Entschädigung ehemaliger Zwangsarbeiter und anderer Opfer des Nationalsozialismus. Daher wurde die Stiftung mit einem Betrag von rund 5 Milliarden Euro ausgestattet. Über 1,66 Millionen Menschen aus 100 Ländern erhielten bis Ende 2006 Leistungen in Höhe von insgesamt 4,4 Milliarden Euro. Im Juni 2007 endeten die Entschädigungszahlungen. Weiterhin fördert die Institution aus Mitteln des Fonds Erinnerung, Verantwortung und Zukunft internationale Projekte. Unterstützt werden insbesondere humanitäre Initiativen, die sich mit der Geschichte der NS-Diktatur auseinandersetzen, die Demokratie und Menschenrechte fördern, sowie Hilfsprojekte für Opfer der NS-Zeit. Finanziert werden von der Stiftung u. a. verschiedene Stipendienprogramme. Ferner publiziert sie eine eigene Schriftenreihe.

Eingang der Bundeszentrale für politische Bildung an der Stresemannstraße

Stasi-Dokumentationszentrum im ehemaligen DDR-Innenministerium

Banner der Bundesstiftung Aufarbeitung

Stasi-Archiv in der Normannenstraße

Eingang zur Deutschen Gesellschaft für Auswärtige Politik

16 Deutsche Gesellschaft e.V.
→ Voßstraße 22, 10117 Berlin,
🆂 🆄 *Potsdamer Platz*

Aus der Idee der 1980er Jahre eine deutsch-deutsche Freundschaftsgesellschaft zu gründen, wurde durch die friedliche Revolution in der DDR die Deutsche Gesellschaft. Sie wurde am 13. Januar 1990 in der Nikolaikirche in Berlin-Mitte u. a. von Willy Brandt, Lothar de Maizière, Heiner Müller, Martin Walser und Johannes Rau mit dem Ziel gegründet, die politischen, kulturellen und sozialen Be-

Alfred Rosenberg, der Minister der besetzten Ostgebiete, hatte seinen Dienstsitz im heutigen Gebäude der DGAP.

ziehungen in Deutschland und Europa zu erörtern und zu fördern. Zum Zweck der politischen Bildung führt die überparteiliche Einrichtung jährlich Hunderte Projekte und Veranstaltungen in Form von Seminaren, Konferenzen, Gesprächskreisen oder Bildungsreisen durch.

17 Deutsche Gesellschaft für Auswärtige Politik e.V. (DGAP)
→ Rauchstraße 17/18, 10787 Berlin,
🆄 *Wittenbergplatz*

Die Deutsche Gesellschaft für Auswärtige Politik ist ein unabhängiger, überparteilicher und gemeinnütziger Verein und wurde 1955 gegründet. Sie versteht sich als Netzwerker der deutschen Außenpolitik und versucht, aktiv auf verschiedenen Ebenen Einfluss auf die außenpolitische Meinungsbildung zu nehmen. Die Arbeiten richten sich an Entscheidungsträger in der deutschen Politik, Wirtschaft, im Militär und in Nichtregierungsorganisationen. Der Verein gibt monatlich die Fachzeitschrift *Internationale Politik* heraus. Ferner unterhält er eine der ältesten deutschen Forschungsbibliotheken zu Fragen der Außenpolitik mit einem Bestand von

70.000 Büchern, Broschüren und Zeitschriften. Im Jahr 1999 verlegte die DGAP ihren Sitz von Bonn nach Berlin. Sie bezog ein Gebäude, das 1938/39 für die Königlich Jugoslawische Gesandtschaft errichtet worden war. Nach dem Einmarsch der deutschen Truppen in Jugoslawien 1941 war das Haus zunächst Dienstsitz für den Minister der besetzten Ostgebiete Alfred Rosenberg. Wenig später hat man es zum Gästehaus des Deutschen Reiches umfunktioniert. In dem Bau wurde nach 1953 das von den Alliierten eingerichtete Rückerstattungsgericht, das sich mit der Entschädigung von Opfern der NS-Diktatur beschäftigte, untergebracht.

18 Gegen Vergessen – Für Demokratie e.V.
→ Stauffenbergstraße 13/14, 10785 Berlin, 🆂 🆄 *Potsdamer Platz*

Unweit des Verteidigungsministeriums hat die gemeinnützige Initiative Gegen Vergessen – Für Demokratie e.V. ihren Sitz. Der Verein wurde 1993 von Menschen ins Leben gerufen, denen Unrecht und Verfolgung während der NS-Zeit oder der SED-Diktatur widerfahren sind. Zu den Gründern und Mitgliedern der überparteilichen Vereinigung gehören Politiker, Journalisten, Pädagogen und Wissenschaftler. Gegen Vergessen – Für Demokratie initiiert und fördert Projekte, die sich mit der deutschen Geschichte – mit Schwerpunkt NS-Verbrechen und DDR-Unrecht – auseinandersetzen. Im Rahmen seiner politischen Bildungsarbeit tritt der Verein gegen Fremdenfeindlichkeit und Antisemitismus sowie alle anderen Formen des politischen Extremismus ein und will somit die Stärkung des demokratischen Bewusstseins erreichen.

19 Goethe-Institut Berlin

→ *Neue Schönhauser Straße 20, 10178 Berlin,* **U** *Weinmeisterstraße,* **S** *Hackescher Markt*

Das nach dem Dichter Johann Wolfgang von Goethe benannte Institut wurde 1951 als Nachfolger der 1925 eingerichteten Deutschen Akademie gegründet. Es hat seinen Hauptsitz in München, unterhält aber zudem zwölf weitere Einrichtungen in Deutschland und fast 130 Niederlassungen im Ausland. Die Organisation ist ein gemeinnütziger Verein, der 1976 mit dem Auswärtigen Amt (AA) einen Vertrag abgeschlossen hat, in welchem das Goethe-Institut „im Rahmen der verfassungsmäßigen Zuständigkeit für die auswärtige Kulturpolitik" vom AA mit konkreten Aufgaben beauftragt wurde. Dazu zählt vor allem die Vermittlung von Kenntnissen über die deutsche Kultur und Sprache.

20 Haus der Demokratie und Menschenrechte

→ *Greifswalder Straße 4, 10405 Berlin,* **S** **U** *Alexanderplatz*

Amnesty International, die Internationale Liga für Menschenrechte und das Unabhängige Institut für Umweltfragen e.V. haben ihre Büros im Haus der Demokratie und Menschenrechte im Stadtteil Prenzlauer Berg. Insgesamt haben dort ca. 70 Nichtregierungsorganisationen und Initiativen ihre Büros. Das ursprüngliche Haus der Demokratie befand sich einst in der Friedrichstraße – heute Sitz des DBB Beamtenbund und Tarifunion – und wurde im Dezember 1989 vom Zentralen Runden Tisch der DDR aus dem Vermögen der SED den ostdeutschen Bürgerbewegungen zur Verfügung gestellt. Im Jahr 1999 zogen die Einrichtungen in größere Räumlichkeiten an der Greifswalder Straße um.

21 Stiftung Wissenschaft und Politik (SWP), Deutsches Institut für Internationale Politik und Sicherheit

→ *Ludwigkirchplatz 3 – 4 , 10719 Berlin,* **S** *Savignyplatz*

Das Deutsche Institut für Internationale Politik und Sicherheit der Stiftung Wissenschaft und Politik ist eine unabhängige wissenschaftliche Einrichtung, die den Deutschen Bundestag und die Bundesregierung in allen Fragen der Außen- und Sicherheitspolitik berät. Die SWP wurde 1962 in München gegründet und hat seit 2001 ihren Sitz mit rund 130 Mitarbeitern in Berlin. Hinzu kommen Gastwissenschaftler und Stipendiaten.

Ehemaliges Haus der Demokratie in der Friedrichstraße

Eingang zur Stiftung Wissenschaft und Politik

INTERESSENVERTRETUNGEN

Dort, wo Politik gestaltet wird, versammeln sich naturgemäß auch zahlreiche Interessenvertreter, um zu ihren Gunsten auf die politischen Entscheidungen Einfluss zu nehmen. Zu diesem Zwecke suchen die Vertreter mit ihren unterschiedlichsten Interessen die Nähe zu den Mandatsträgern in den Parlamenten. Tausende von politischen Verbänden verfolgen verschiedene Ziele auf sozialer, wirtschaftlicher, kultureller, wissenschaftlicher oder gesellschaftspolitischer Ebene. Die Spitzenverbände mit bundespolitischen Interessen werden auf einer „Lobbyliste" des Deutschen Bundestages geführt. Zurzeit umfasst diese Liste über 2.000 unterschiedliche Gruppierungen. Der Lobbyismus wird auch gern als „Fünfte Gewalt" bezeichnet, während die Medien die „Vierte Gewalt" repräsentieren.

22 DBB Beamtenbund und Tarifunion

→ Friedrichstraße 169/170, 10117 Berlin, 🇺 Französische Straße

Der Beamtenbund und die Tarifunion (früher Deutscher Beamtenbund) sind mit 40 Fachgewerkschaften und Berufsverbänden sowie über 1,25 Millionen Mitgliedern eine der größten deutschen Interessenvertretungen für Beamte, Angestellte und Arbeiter im öffentlichen Dienst sowie im privaten Dienstleistungssektor. Er wurde bereits 1918 als „Zusammenschluss der deutschen Beamten- und Lehrervereinigungen auf gewerkschaftlicher Grundlage" ins Leben gerufen. 1933 wurde er von den Nazis gleichgeschaltet. Die Zentrale des Interessenverbandes sitzt in der Friedrichstraße im früheren Haus der Demokratie, das im Dezember 1989 vom Zentralen Runden Tisch der DDR aus dem SED-Parteivermögen an die ostdeutschen Bürgerrechtsbewegungen übergeben worden war. Nahezu alle unabhängigen Gruppen und Bewegungen in der DDR hatten hier ihre Büroräume. Nach langjährigen Streitigkeiten über die Eigentumsverhältnisse des Gebäudes zog im Herbst 1999 das Haus der Demokratie schließlich in einen doppelt so großen Komplex an der Greifswalder Straße in Prenzlauer Berg um.

23 Deutscher Gewerkschaftsbund (DGB)

→ Henriette-Herz-Platz 2, 10178 Berlin, 🅂 Hackescher Markt

Unter dem Dach des Deutschen Gewerkschaftsbundes sind acht Einzelgewerkschaften vereint, die zusammen knapp 6,8 Millionen Mitglieder zählen. Der DGB wurde 1949 in München gegründet und versteht sich als Sprachrohr der Gewerkschaften und Arbeitnehmer gegenüber den politischen

Gebäude des Deutschen Gewerkschaftsbundes

Entscheidungsträgern und Verbänden im Bund, in Ländern und Gemeinden. Der Bundesvorstand des DGB hat seine Räumlichkeiten in einem modernen Gebäudekomplex am Hackeschen Markt.

24 Deutscher Städtetag (DST), Ernst-Reuter-Haus
→ *Straße des 17. Juni 112, 10623 Berlin,* Ⓢ *Tiergarten*

Der Deutsche Städtetag ist der größte kommunale Spitzenverband. Er bündelt die Interessen aller kreisfreien und der meisten kreisangehörigen Städte in Deutschland. 4.400 Städte und Gemeinden mit insgesamt 51 Millionen Einwohnern sind in ihm zusammengeschlossen. Der DST vertritt aktiv die kommunale Selbstverwaltung und nimmt die Interessen der Städte gegenüber der Bundesregierung, dem Bundestag, Bundesrat und der Europäischen Union wahr. Der DST ist zusammen mit dem Deutschen Städte- und Gemeindebund sowie dem Deutschen Landkreistag in der Bundesvereinigung der kommunalen Spitzenverbände zusammengeschlossen. Die Federführung der Bundesvereinigung liegt beim Deutschen Städtetag.

25 Haus der Wirtschaft
→ *Breite Straße 29, 10178 Berlin,* Ⓤ *Märkisches Museum*

Die drei Spitzenverbände der deutschen Wirtschaft vertreten gemeinsam aus dem Haus der Wirtschaft heraus ihre Interessen gegenüber der Politik und den Gewerkschaften. Seit 1999 bewohnen der Bundesverband der Deutschen Industrie (BDI), der Deutsche Industrie- und Handelskammertag (DIHK) sowie die Bundesvereinigung der Deutschen Arbeitgeberverbände (BDA) gemeinsam einen Neubau direkt an der Spree. Die zentrale Lage bietet ihnen günstige Bedingungen, um ihre Interessen gegenüber der Politik, den Medien und anderen Lobbyverbänden zu artikulieren.

26 Verbraucherzentrale Bundesverband e.V.
→ *Markgrafenstraße 66, 10969 Berlin,* Ⓤ *Kochstraße*

Die Verbraucherzentralen sind unabhängige und überwiegend mit öffentlichen Mitteln des Bundes, der Länder und Kommunen finanzierte gemeinnützige Einrichtungen. In den deutschlandweit ca. 200 Vertretungen können sich die Bürger, also die Verbraucher, in Fragen des privaten Konsums informieren, beraten lassen oder rechtlichen Beistand erhalten. Von den Mitarbeitern dieser Infostellen werden Auskünfte über ein weites Themenspektrum wie z. B. Ernährung, Energiemarkt, Schulden und Wohnen erteilt. Die Dachorganisation der einzelnen Verbraucherzentralen ist der Verbraucherzentrale Bundesverband e.V. Der Verband mit Sitz in Berlin vertritt auf Bundesebene die Interessen der Verbraucher gegenüber der Politik, Wirtschaft und Gesellschaft.

27 Zentralverband des Deutschen Handwerks (ZDH)
→ *Mohrenstraße 20/21, 10117 Berlin,* Ⓤ *Stadtmitte*

In einem ehemaligen Geschäftshaus aus dem Jahr 1908 – von 1920 an hatte hier die Deutsch-Südamerikanische Bank ihren Sitz – hat seit 1999 der Zentralverband des Deutschen Handwerks seine Räume. Im ZDH konzentrieren sich die 54 Handwerkskammern, 38 Zentralfachverbände des Handwerks sowie wichtige wirtschaftliche und wissenschaftliche Institutionen. Ungefähr 5 Millionen Menschen arbeiten in über 950.000 deutschen Handwerksbetrieben. Aus dem Haus des Handwerks heraus, das sich in der Mohrenstraße nahe dem Gendarmenmarkt befindet, vertritt der Zentralverband die handwerklichen Interessen gegenüber der Bundespolitik, den Behörden, der Europäischen Union und internationalen Einrichtungen sowie gegenüber den Medien.

Rückseite des Hauses der Wirtschaft an der Spree

Modernes Gebäude des Bundesverbandes der Verbraucherzentralen

Sitz des Deutschen Städtetages im Ernst-Reuter-Haus in der Nähe des Tiergartens

Kultur und Medien

Museen, Gedenkstätten, Kultureinrichtungen
und Medienbüros

MUSEEN UND AUSSTELLUNGEN ZUR POLITIK UND GESCHICHTE

In Berlin gibt es mehr als 175 Museen. Neben Einrichtungen für Kunst, Wissenschaft und Technik sind darunter auch zahlreiche Museen und Ausstellungen – teilweise an authentischen Orten –, die über die Berliner sowie gesamtdeutsche Vergangenheit Auskunft geben.

1 Deutsches Historisches Museum

→ *Unter den Linden 2, 10117 Berlin,* Ⓢ Ⓤ *Friedrichstraße,* Ⓤ *Hausvogteiplatz,* Ⓢ *Hackescher Markt,* 🕐 *Mo – So 10 – 18 Uhr*

Das Deutsche Historische Museum versteht sich als Ort der „Aufklärung und Verständigung über die gemeinsame Geschichte von Deutschen und Europäern". Gegründet wurde es im Jahr 1987, anlässlich der 750-Jahr-Feier Berlins, im Reichstagsgebäude im Westteil der Stadt. Nach der Wiedervereinigung übertrug die Bundesregierung dem DHM die Nutzung der Sammlung und Immobilien des ehemaligen DDR-Museums für Deutsche Geschichte im Zeughaus in der Straße Unter den Linden. 1999 begannen die Umbauarbeiten und 2006 konnte die ständige Ausstellung des DHM zur deutschen Geschichte „Deutsche Geschichte in Bildern und Zeugnissen" wiedereröffnet werden. Der von Ieoh Ming Pei gestaltete Erweiterungsbau ist bereits seit 2003 für Besucher zugänglich. Der markante Neubau wird für Sonderausstellungen genutzt.

2 AlliiertenMuseum

→ *Clayallee 135, 14195 Berlin,* Ⓤ *Oskar-Helene-Heim,* 🕐 *täglich, außer Mi, 10 – 18 Uhr*

Im AlliiertenMuseum an der Clayallee wird den Besuchern die fast 50-jährige Präsenz der drei Westmächte in Berlin nähergebracht. Die Dauerausstellung befindet sich seit 1994 im früheren US-Soldatenkino „Outpost" sowie in der ehemaligen Major-Arthur-D.-Nicholson-Gedenkbibliothek. Zu den vielen Ausstellungsstücken im Museum zählen u. a. das letzte Kontrollhäuschen des Checkpoint Charlie, ein „Rosinenbomber" aus der Zeit der Luftbrücke 1948/49, Armeefahrzeuge, ein Wachturm sowie ein Spionagetunnel aus der Zeit des Kalten Krieges. Neben dem Museum erinnert eine tonnenschwere Bronzeskulptur an den Fall der Berliner Mauer. Das von der Amerikanerin Veryl Goodnight geschaffene Kunstwerk zeigt fünf Pferde, die über die bröckelnde Berliner Mauer springen. Die Inschrift auf einer Bronzetafel lautet: „Der Tag an dem die Mauer fiel / The Day The Wall Came Down".

links: „Pieta" von Käthe Kollwitz in der Neuen Wache

unten: Unter den Linden, Kupferstich von J. Rosenberg, 1780

Fahnenweihe am Zeughaus, 2.9.1914

Eingang des Deutschen Historischen Museums

Mauerpferde am AlliiertenMuseum

Ausstellung „Berlin Story"

3 Ausstellung „Berlin Story"
→ Unter den Linden 26, 10117 Berlin,
Ⓢ Unter den Linden , ⏲ Mo – So
10 – 19 Uhr

Im Erdgeschoss des Gebäudes in der
Straße Unter den Linden 40 befindet
sich eine 1200 m² große Buchhandlung,
in der zugleich eine Ausstellung zur
Stadtgeschichte Berlins gezeigt wird.
Neben vielen deutsch-englischen Infor-
mationstafeln hat man hier in einem
Café die Möglichkeit, den Film „The Ma-
king of Berlin" in acht Sprachen zu sehen. In ihm wird die Geschichte von der
Stadtgründung bis zur Gegenwart an-
schaulich dargestellt. Daneben ist auch
ein großes historisches Stadtmodell zu
betrachten.

4 Ausstellung „Topographie des Terrors"
→ Niederkirchnerstraße 8,
10963 Berlin, Ⓢ Ⓤ Potsdamer Platz,
⏲ Oktober – April Mo – So 10 – 18 Uhr,
Mai – September Mo – So 10 – 20 Uhr

Nahe dem Potsdamer Platz und direkt
neben dem Martin-Gropius-Bau befindet sich auf einem unbebauten Gelände
die Ausstellung „Topographie des Terrors". Auf dem Areal standen von 1933

bis 1945 die Machtzentralen des nationalsozialistischen Terrors: das Hauptquartier von Geheimer Staatspolizei
(Gestapo) mit eigenem Gefängnis, SS-
Führung, Sicherheitsdienst (SD) der SS
und das Reichssicherheitshauptamt.
In einem Ausgrabungsgang entlang der
baulichen Überreste an der ehemaligen Prinz-Albrecht-Straße dokumentiert
eine Freilichtausstellung die Historie der
in unmittelbarer Nachbarschaft des NS-
Regierungsviertels befindlichen Terror-
zentralen und der von hier ausgegange-
nen Verbrechen. Ebenfalls auf diesem
Gelände stehen einige Teilstücke der
Berliner Mauer. Am 2. November 2007
wurde mit dem Neubau eines Dokumentationszentrums begonnen. Die Fertigstellung ist für den 65. Jahrestag des
Kriegsendes am 8. Mai 2010 geplant.

5 DDR-Museum
→ Karl-Liebknecht-Straße 1,
10178 Berlin, Ⓢ Ⓤ Alexanderplatz,
Ⓢ Hackescher Markt, ⏲ Mo – So
10 – 20 Uhr, Sa 10 – 22 Uhr

Direkt an der Uferpromenade der Spree
gegenüber dem Berliner Dom eröffnete
im Juli 2006 das DDR-Museum. Es dokumentiert die Alltagskultur der DDR.
Das private Museum ist in verschiedene

Ausstellung „Topographie des Terrors" mit Mauerblick

DDR-Museum an der Spree

Themenbereiche gegliedert: u. a. Berlin, Wohnen, Stasi, Freizeit, Produkte sowie Mode und Kultur. Besondere Ausstellungsstücke sind ein Trabant, eine Abhöranlage, eine Druckmaschine aus der oppositionellen Umweltbibliothek oder das Innenleben einer Plattenbauwohnung mitsamt Küchen- und Wohnzimmereinrichtung.

6 Deutsch-Russisches Museum Karlshorst

→ *Zwieseler Straße 4, 10318 Berlin-Karlshorst,* Ⓢ *Karlshorst,* 🕐 *Di – So 10 – 18 Uhr*

Ein Tag, nachdem die Deutsche Wehrmacht im Hauptquartier der US-Armee in Reims die bedingungslose Kapitulation unterzeichnet hatte, wurde die Zeremonie nochmals am 8. Mai 1945 in Berlin-Karlshorst von Generalfeldmarschall Wilhelm Keitel stellvertretend auf deutschem Boden wiederholt. Das Gebäude, in dem faktisch der Zweite Weltkrieg in Europa beendet wurde, ist zwischen 1936 und 1938 als Offizierskasino der Pionierschule 1 der Wehrmacht errichtet worden. Im Kampf um Berlin wurde es Ende April 1945 Hauptquartier der 5. sowjetischen Stoßarmee unter Generaloberst Bersarin. Von 1945 bis 1949 war es Hauptsitz der Sowjetischen Militäradministration. Am 10. Oktober 1949 verlieh General Shukow in diesen Räumen der ersten DDR-Regierung die staatliche Vollmacht. In den historischen Räumen befindet sich heute eine

Aus dem Ort der Kapitulation in Karlshorst wurde später das Deutsch-Russische Museum

Polnische Jugendliche arbeiten als Zwangsarbeiter beim Straßenbau, 1941

Dauerausstellung zum Zweiten Weltkrieg mit vielen Originalstücken. Zudem dokumentieren Sonderausstellungen die deutsch-russische Geschichte. Auf dem Außengelände können einige Panzerfahrzeuge besichtigt werden. Das Herzstück des Museums ist jener Saal, in dem die Kapitulationsurkunde unterzeichnet wurde.

7 Dokumentationszentrum NS-Zwangsarbeit Berlin-Schöneweide
→ Britzer Straße 5, 12439 Berlin, Ⓢ Berlin-Schöneweide, ⏲ Di – So 10 – 18 Uhr

Im Stadtteil Schöneweide ist seit Sommer 2006 das einzige in Berlin noch erhaltene NS-Zwangsarbeiterlager zu besichtigen. Es war eines von mehr als 3.000 derartigen Lagern im Stadtgebiet. Auf dem Areal, das von 1943 bis 1945 für über 2.000 Menschen errichtet worden war, brachte man italienische Militärinternierte, Zivilarbeiter und Zivilarbeiterinnen aus ganz Europa sowie weibliche KZ-Häftlinge unter. Das historische Gelände besteht aus sechs Baracken, von denen bisher eine als Ausstellungshaus und eine als Seminar- und Bürohaus eingerichtet sind. Die Ausstellung dokumentiert die Geschichte des Lagers. Thematisch bezogene nationale und internationale Gastausstellungen werden durch Veranstaltungen und Führungen begleitet. Eine Dauerausstellung zur Geschichte der NS-Zwangsarbeit in Berlin ist in Vorbereitung.

Eingang des Dokumentationszentrums in Berlin-Schöneweide

Notaufnahmelager für DDR-Flüchtlinge in Berlin-Marienfelde im Juli 1961

8 Erinnerungsstätte Notaufnahmelager Marienfelde

→ *Marienfelder Allee 66 – 80, 12277 Berlin,* Ⓢ *Marienfelde,* 🕐 *Di – So 10 – 18, Führungen Mi und So 15 Uhr*

Bis zum Bau der Mauer 1961 flüchteten jeden Monat Hunderte, mitunter auch Tausende DDR-Bürger in die westlichen Sektoren. Speziell West-Berlin wurde immer mehr zum Fluchtziel. Aus diesem Grunde errichtete man im April 1953 das Notaufnahmelager Marienfelde. Bis 1990 wurde die Einrichtung für 1,35 Millionen Flüchtlinge erste Aufnahmestelle im Westen. Dafür standen 3.000 Unterkunftsmöglichkeiten zur Verfügung. Nach der Vernehmung durch westalliierte und deutsche Nachrichtendienste konnten die dort Aufgenommenen in die Bundesrepublik übersiedeln. Nach dem Mauerbau gingen die Flüchtlingszahlen stark zurück, und Teile des Lagers wurden für Wohnzwecke freigegeben. Es existierte aber weiterhin, um Flüchtlingen und vor allem Übersiedlern aus der DDR sowie Aussiedlern aus anderen Staaten ein Übergangsquartier zu bieten. Nach dem Mauerfall 1989 kam es zum Ansturm auf das Notaufnahmelager, so dass weitere Gebäude angemietet werden mussten. 1993 verließen die letzten DDR-Flüchtlinge und Über-

siedler den Lagerkomplex. Eine Dauerausstellung dokumentiert die deutsch-deutsche Fluchtbewegung sowie das Leben im Notaufnahmelager. Originalgetreue Flüchtlingszimmer aus den 50er Jahren sind hier zu besichtigen.

9 Forschungs- und Gedenkstätte Normannenstraße

→ *Ruschestraße 103, Haus 1, 10365 Berlin,* Ⓤ *Magdalenenstraße,* 🕐 *Mo – Fr 11 – 18, Sa – So 14 – 18*

Ca. 20.000 Mitarbeiter des Ministeriums für Staatssicherheit taten noch am Ende der DDR in einem gewaltigen Gebäudekomplex in Berlin-Lichtenberg ihren Dienst. Neben der Hauptverwaltung Aufklärung, der Hauptabteilung Kader und Schulung, der Postkontrolle und vielen anderen Abteilungen des MfS hatte hier auch inmitten der grauen Bauten der Minister für Staatssicherheit Erich Mielke sein Quartier. Im ehemaligen Gebäude des Ministers, dem Haus 1, sitzt heute die Forschungs- und Gedenkstätte Normannenstraße. In den Wochen nach der Maueröffnung ging das MfS weiter seiner Arbeit nach und vernichtete Unmengen Aktenmaterial. Am Abend des 15. Januar 1990 nahmen Demonstranten die Stasi-Zentrale in Besitz und bereiteten der Vernichtung ein

1989 sorgte Staatssicherheitsminister Erich Mielke mit seinem Satz „Aber ich liebe doch alle Menschen!" für Heiterkeit

Ende. Das Berliner Bürgerkomitee begann hier seine Arbeit zur Auflösung des Überwachungsapparates. Im Sommer 1990 konstituierte sich der Verein Antistalinistische Aktion Berlin Normannenstraße (ASTAK e.V.) und übernahm die Trägerschaft der am 7. November im Haus 1 eröffneten Forschungs- und Gedenkstätte. Im Mittelpunkt des sogenannten Stasimuseums stehen die im Original erhaltenen Arbeits- und Privaträume von Sta-

„Ich will euch überhaupt mal etwas sagen, Genossen, wenn man schon schießt, dann muss man dat so machen, dass nicht der Betreffende noch bei wegkommt, sondern dann muss er eben dableiben bei uns. Ja so ist die Sache, wat is denn das, 70 Schuss loszuballern und der rennt nach drüben und die machen ne Riesenkampagne." (Stasichef Erich Mielke zum Thema Republikflucht)

sichef Erich Mielke. Außerdem gibt es Ausstellungsbereiche zur operativen Arbeit des MfS und zu Widerstand und Opposition in der DDR. Zuletzt hatte die Stasi 91.000 hauptamtliche und 189.000 inoffizielle Mitarbeiter. Sie hinterließen 40 Millionen Karteikarten und ca. 180 Kilometer Akten. Im benachbarten Haus 7 befindet sich heute das Archiv der Stasi-Unterlagenbehörde (BStU) mit etwa 6 Millionen personenbezogenen Akten des MfS.

Haus 1 der ehemaligen Stasi-Zentrale beherbergt heute eine Forschungs- und Gedenkstätte

10 Gedenkstätte Berliner Mauer

→ *Bernauer Straße 111, 13355 Berlin,*
Ⓢ Nordbahnhof, Ⓤ Bernauer Straße,
Ⓓ Di – So 10 – 17 Uhr, der Zugang zur
Gedenkstätte ist jederzeit möglich

Entlang der Bernauer Straße verlief
während der Teilung Berlins die Mauer.
Mit zahlreichen Fluchtaktionen aus den
Fenstern von Häusern oder durch Tun-
nelfluchten aus dem Ostteil in den
Westteil der Stadt wurde diese Straße
bekannt. Seit 1998 befindet sich an der
Bernauer Straße eine den Opfern des
Mauerbaus und der deutschen Teilung
gewidmete Gedenkstätte, die aus einem
Ensemble besteht, das die Gedenkstätte
Berliner Mauer, die Kapelle der Versöhnung und ein Dokumentationszentrum
umfasst. Die Gedenkstätte ist ein originalgetreuer Grenzstreifen mit Vorder-
landmauer, Kiesstreifen, Kolonnenweg,
Lichttrasse und Hinterlandmauer. Im
Dokumentationszentrum kann sich der
Besucher anhand von Filmen, Fotografien, Tondokumenten und Archivmate-
rialen über die Geschichte der Berliner
Mauer informieren. Am 9. November 2000 wurde die Kapelle der Versöhnung an der Stelle der 1985 gespreng-
ten Versöhnungskirche, die sich inmitten
des Todesstreifens befand, eingeweiht.
Einen guten Überblick über die Gedenkanlage erhält man vom Aussichtsturm,
der an das Dokumentationszentrum angebaut wurde.

11 Gedenkstätte Deutscher Widerstand

→ *Stauffenbergstraße 13 / 14,*
10785 Berlin, Ⓤ Mendelssohn-
Bartholdy-Park, Ⓢ Ⓤ Potsdamer Platz,
Ⓓ Mo, Di, Mi, Fr 9 – 18 Uhr, Do 9 – 20,
Sa – So 10 – 18 Uhr

„Ihr trugt die Schande nicht, Ihr wehr-
tet Euch, Ihr gabt das große ewig wache
Zeichen der Umkehr, opfernd Euer hei-
ßes Leben für Freiheit, Recht und Ehre",
lautet die Inschrift an dem Ehrenmal,
welches seit 1953 im Innenhof des

sogenannten Bendlerblocks an die Wi-
derstandskämpfer gegen die NS-Diktatur erinnert. In diesem Hof wurden am
21. Juli 1944 Claus Schenk Graf von
Stauffenberg und drei seiner Mitverschwörer, Werner von Haeften, Albrecht
Ritter Mertz von Quirnheim und Friedrich Olbricht, wenige Stunden nach dem
gescheiterten Attentat auf Hitler hingerichtet. Am selben Tag bestattete man
die Ermordeten mit ihren Uniformen und
Ehrenzeichen auf dem Alten St.-Mat-
thäus-Kirchhof Berlin. Einen Tag später
ließ Heinrich Himmler die Toten wieder
ausgraben und befahl deren Verbren-
nung. Ihre Asche wurde am Rande Berlins verstreut. Am 20. Juli 1968 wurde
im Bendlerblock die Gedenkstätte Deutscher Widerstand eröffnet, in der eine
umfangreiche ständige Ausstellung über
den Widerstand gegen den Nationalsozialismus informiert. Seit 1999 findet
jedes Jahr am 20. Juli im Bendlerblock
das Feierliche Gelöbnis von Rekruten
der Bundeswehr statt.

12 Gedenk- und Bildungsstätte Haus der Wannseekonferenz

→ *Am Großen Wannsee 56 – 58,*
14109 Berlin, Ⓢ Wannsee, Ⓓ Mo – So
10 – 18 Uhr

Idyllisch liegt die Villa da. Das Vorder-
grundstück ist mit Bäumen und Pflan-
zen bewachsen. Hinten erstreckt sich
der Große Wannsee. Ab 1933 zogen in
die Häuser und Villen rund um den See
zahlreiche NS-Funktionäre. Der Chef des
Sicherheitsdienstes (SD) Reinhard Heydrich bekam am 31. Juli 1941 von Hermann Göring den Auftrag, eine „Gesamt-
lösung der europäischen Judenfrage" zu
erarbeiten. Am 20. Januar 1942 berie-
ten in der Villa am Wannsee unter Leitung von Heydrich hohe Vertreter der
Reichsbehörden, Partei- und SS-Führung über die „Endlösung der europäischen Judenfrage". An diesem Ort fiel
die Entscheidung, mindestens elf Millionen Juden in den Osten zu deportieren
und zu ermorden. Bis 1945 war Berlin-

Mauerausbau in der Bernauer Straße, 1962

Innenhof der Gedenkstätte Deutscher Widerstand

Gedenkstätte Berliner Mauer mit Aussichtsplattform in der Bernauer Straße

Haus der Wannseekonferenz

Wannsee ein bedeutender Standort des Reichssicherheitsdienstes. Inlands-SD-Chef Otto Ohlendorf sowie Auslands-SD-Chef Walter Schellenberg hatten hier ihren Dienstsitz. Seit 1992 befindet sich in der Villa eine Gedenk- und Bildungsstätte.

13 Gedenkstätte Berlin-Hohenschönhausen

→ *Genslerstraße 66, 13055 Berlin,* Ⓢ *Landsberger Allee, dann mit der Straßenbahnlinie M 5 zur Freienwalder Straße,* 🕐 *Führungen: Mo – Fr 11 und 13 Uhr, März – Oktober zusätzlich um 15 Uhr, Sa, So stündl. 10 – 16 Uhr*

Inmitten von Einfamilienhäusern und Plattenbauten liegt die Gedenkstätte Berlin-Hohenschönhausen. Kaum ein anderer Ort spiegelt so eindrucksvoll die 45-jährige Geschichte politischer Verfolgung in der Sowjetischen Besatzungszone (SBZ) und der DDR wider. Nach dem Ende des Zweiten Weltkrieges richtete man in einer ehemaligen Großküche das sowjetische Speziallager Nr. 3 ein. Bis zu dessen Auflösung im Oktober 1946 starben hier 3.000 Menschen. Die Überlebenden wurden in das Speziallager Nr. 7 (Nr. 1) nach Oranienburg gebracht. Danach diente das Areal den sowjetischen Militärs als Untersuchungsgefängnis. Viele wurden damals in Hohenschönhausen zu 10 bis 25 Jahren verurteilt und in die sowjetischen Gulags verschleppt. 1951 übernahm das Ministerium für Staatssicherheit der DDR den Komplex. Das MfS baute zusätzlich ab 1962 ein Arbeitslager und ein weiteres Gefängnisgebäude mit 200 Zellen, Verhörzimmern sowie ein Krankenhaus. In den 1970er und 1980er Jahren wurden hinter den Mauern überwiegend Regimekritiker und potenzielle DDR-Flüchtlinge inhaftiert. Das Gefängnisareal war Teil eines umfangreichen Sperrgebietes. Die Anzahl der Gefangenen ist bis heute unbekannt. In der Regel führen ehemalige Häftlinge durch das Gefängnis.

14 Wachturm Kieler Straße – Gedenkstätte Günter Litfin, Invalidenfriedhof

→ *Kieler Straße 2, Scharnhorststraße 33, 10115 Berlin,* Ⓢ *Hauptbahnhof,* 🕐 *Museum von März bis Oktober täglich 12 – 17 Uhr*

Nach dem Mauerbau 1961 entstanden in Berlin mehr als 300 Wachtürme der DDR-Grenztruppen. In einem ehemaligen Führungsturm befinden sich heute

Ehemaliges Stasi-Gefängnis in Berlin-Hohenschönhausen

ein kleines Museum sowie eine Gedenkstätte für den ersten Mauertoten Günter Litfin sowie für alle anderen Opfer der Berliner Mauer. Litfin wurde am 24. August 1961 beim Versuch, durch den Humboldt-Hafen nach West-Berlin zu schwimmen, erschossen. In dem Museum sind zahlreiche Dokumente zur Grenze zu besichtigen. Unweit des Wachturms befindet sich der 1748 durch König Friedrich den Großen angelegte Invalidenfriedhof. Mit dem Bau der Mauer und der Einbeziehung des Friedhofs in das Grenzgebiet zerstörte die DDR sehr viele Gräber, um im „Todesstreifen" ein freies Beobachtungs- und Schussfeld zu haben.

15 Gedenkstätte Plötzensee

→ Hüttigpfad, 13627 Berlin,
Ⓢ Beusselstraße, ⏱ März – Oktober
tägl. 9 – 17 Uhr, November – Februar
tägl. 9 – 16 Uhr

Im Jahr 1879 wurde das Strafgefängnis am Plötzensee im Berliner Norden errichtet. Während der NS-Zeit wurden hier zwischen 1933 und 1945 nach Unrechtsurteilen der NS-Justiz ca. 3.000 Menschen ermordet. Zu den Opfern gehörten u. a. einige Verschwörer des 20. Juli 1944, Mitglieder des „Kreisauer Kreises", der „Roten Kapelle" und viele ausländische Gefangene. Im Hinrichtungsgebäude, in dem die Todesurteile vollstreckt wurden, befindet sich ein Gedenkraum. Im Raum nebenan informieren Schautafeln über die Praxis der nationalsozialistischen Justiz.

16 Historische Ausstellung des Deutschen Bundestages

→ Deutscher Dom, Gendarmenmarkt 1,
10117 Berlin, Ⓤ Stadtmitte, Französische Straße, ⏱ Di – So 10 – 18 Uhr
(Mai – September bis 19 Uhr, montags und an Feiertagen geöffnet)

Der Deutsche Dom auf dem Gendarmenmarkt wurde zwischen 1702 und 1708 nach Plänen von Martin Grünberg

Ehemaliger Wachturm Kieler Eck

gebaut und im Zweiten Weltkrieg stark zerstört. Fast 40 Jahre war er eine Ruine. Erst in den Achtzigern begann die DDR mit dem Wiederaufbau. Seit 2002 ist im Dom die Dauerausstellung des Deutschen Bundestages „Wege, Irrwege, Umwege. Die Entwicklung der parlamentarischen Demokratie in Deutschland" untergebracht. Auf fünf Etagen wird die historische Entwicklung des liberalen parlamentarischen Systems in Deutschland dokumentiert. Vorrangig widmet sich die Ausstellung jenen Epochen, in denen die Grundlagen für die politische Ordnung der Bundesrepublik Deutschland gelegt wurden. Ferner werden die Funktion und Arbeitsweise der Volksvertretungen sowie die Entwicklung und Arbeit der politischen Parteien dargestellt. Die Zerstörung des parlamentarischen Systems durch die Nationalsozialisten wird ebenfalls behandelt. Die Ausstellung ist eine Weiterentwicklung der seit 1971 im Reichstagsgebäude gezeigten Ausstellung „Fragen an die Deutsche Geschichte". Am Dom erinnert eine Gedenktafel an die 183 Toten der Märzrevolution von 1848.

Wachturm an der Gedenkstätte in Hohenschönhausen

Deutscher Dom auf dem Gendarmenmarkt

Blick in den Hinrichtungsraum mit Hakenleiste und Guillotine in Berlin-Plötzensee

Alt- und Neubau des Jüdischen Museums

17 Jüdisches Museum Berlin

→ *Lindenstraße 9 – 14, 10969 Berlin,*
🚇 *Hallesches Tor,* 🕐 *Di – So*
10 – 20 Uhr, montags 10 – 22 Uhr

18 Märkisches Museum

→ *Am Köllnischen Park 5, 10179 Berlin,*
🚇 *Märkisches Museum,* 🕐 *Di – So*
10 – 18 Uhr, Mi 12 – 20 Uhr

Das Jüdische Museum ist eines der meistbesuchten in Berlin. Auf 3.000 m² Ausstellungsfläche wird dem Besucher eine Zeitreise durch 2.000 Jahre deutsch-jüdische Geschichte und Kultur geboten. Das JMB eröffnete am 9. September 2001 und besteht aus einem Alt- sowie einem Neubau. Das alte Gebäude wurde 1735 erbaut und fungierte zuerst als Kollegienhaus der königlichen Justizverwaltung, später war es Sitz des Kammergerichts. Nach der Zerstörung im Zweiten Weltkrieg baute man das Haus wieder auf und brachte anschließend das stadtgeschichtliche Berlin Museum dort unter. Der vom Architekten Daniel Libeskind geschaffene moderne Bau zeichnet sich durch eine außergewöhnliche zackenförmige Architektur aus, die für sich allein zu einem großen Anziehungspunkt geworden ist. Neben Dauer- und Wechselausstellung beherbergt das Museum ein Archiv, das Rafael Roth Learning Center, ein Forschungsinstitut sowie Museumsshop und Restaurant.

Der Bär als Berliner Wappentier

Direkt an der Spree und am Köllnischen Park, schräg gegenüber der Botschaft Brasiliens, befindet sich in einem Backsteinkomplex das Märkische Museum, das Stammhaus des Stadtmuseums.

Das Gebäude wurde 1899 bis 1909 von Stadtbaurat Ludwig Hoffmann errichtet. In über 50 Schauräumen wird hier die Geschichte der Stadt Berlin von ihren Anfängen bis zur Gegenwart dokumentiert. Im Außenbereich des Museums befindet sich seit 2003 die Ausstellung „Mauer-Stücke" mit originalen Mauersegmenten. An einer Hörstelle können per Knopfdruck Tondokumente vom Bau bis zum Fall der Mauer abgespielt werden. Wenige Meter hinter dem Museum kann man das Wappentier Berlins in lebendiger Ausführung erleben. In einem Bärenzwinger präsentieren sich die Berliner Stadtbärin Schnute und ihre Tochter Maxi den Besuchern. 1939 war der erste Stadtbär, dem bis heute über 50 folgten, in das Gehege am Köllnischen Park eingezogen.

Mauerinstallation am Märkischen Museum

19 Mauermuseum
Haus am Checkpoint Charlie
→ *Friedrichstraße 43 – 45,*
10969 Berlin, 🅄 *Kochstraße,*
🕐 *Mo – So 9 – 22 Uhr*

Das Mauermuseum wurde 1962 von
Rainer Hildebrandt aus Protest gegen
den Bau der Mauer in einer kleinen
Wohnung an der Bernauer Straße gegründet. Im Juni 1963 wurde es, aufgrund des starken Besucheraufkom-
mens, in einem Haus am Checkpoint
Charlie neu eröffnet. Zu sehen sind u. a.
Fluchthilfsmittel wie Heißluftballons,
Autos und ein Mini-U-Boot. Seit dem
Jahr 2000 steht vor dem Mauermuseum
ein originalgetreuer Nachbau der ersten
alliierten Kontrollbaracke.

20 Museum „The Kennedys"
→ *Pariser Platz 4a, 10117 Berlin,*
Ⓢ *Unter den Linden,*
🕐 *Mo – So 10 – 18 Uhr*

Schräg gegenüber der US-Botschaft und
direkt neben der Frankreichs befindet
sich seit 2006
das von der
Berliner Galerie
Camera Work
eingerichtete
Museum „The
Kennedys". In
den Räumlichkeiten sind 300 Fotos, offizielle und private Dokumente sowie
persönliche Gegenstände ausgestellt –
viele davon aus dem ehemaligen Besitz
der Familie Kennedy –, die Einblicke in
das private und politische Leben des
einstigen US-Präsi-
denten gewähren.
John F. Ken-

*„Ein Leben in Freiheit ist nicht leicht, und
die Demokratie ist nicht vollkommen. Aber
wir haben es nie nötig, eine Mauer aufzu-
bauen, um unsere Leute bei uns zu halten
und sie daran zu hindern, woanders hinzuge-
hen."* (John F. Kennedy vor dem Rathaus Schöneberg)

nedy wurde mit nur 43 Jahren zum Präsidenten gewählt und nur wenige Monate nach seinem Besuch in West-Berlin
am 22. November 1963 im texanischen
Dallas ermordet. Sein Nachfolger wurde
Lyndon B. Johnson. Die Ausstellung wird
durch mediale und didaktische Bereiche ergänzt.

21 „The Story of Berlin"
→ *Kurfürstendamm 207 – 208, 10719
Berlin,* 🅄 *Uhlandstraße,* 🕐 *Mo – So
10 – 20 Uhr (Einlass bis 18 Uhr)*

Auf 6.000 m^2 und vier Etagen bringt die
Ausstellung „The Story of Berlin" dem
Besucher durch künstlerische 3-D-
Soundsysteme die Geschichte Berlins
von seiner ersten Erwähnung 1237 bis
in die Gegenwart näher. In den 23 The-
menräumen werden mit Hilfe moderner
Multimediatechnik und begehbarer Ku-
lissen u. a. die NS-Zeit und ihre Folgen
nach dem Zweiten Weltkrieg dokumentiert. Weitere Themenpunkte sind die
Berlin-Blockade und die Luftbrücke sowie der Bau der Berliner Mauer. In einem Ausstel-
lungsraum sind
Bilder auslän-
discher Fern-
sehsender aus
den Tagen nach
dem Fall der
Mauer am 9. November 1989 zu sehen.
Als besonderes Highlight werden im
Rahmen der privaten Ausstellung Führungen durch einen originalen Atom-
schutzbunker aus der Zeit des Kalten
Krieges unter dem Ku' damm-Karree angeboten. Vor dem Eingang wirbt ein
Flugzeugflügel um die Aufmerksamkeit
potenzieller Besucher.

John F. Kennedys Ansprache an die
Berliner vor dem Schöneberger
Rathaus, 26. 6. 1963

US-Soldaten am Checkpoint Charlie während des Kalten Krieges

Checkpoint Charlie

Das im Zweiten Weltkrieg zerstörte Märkische Museum

Foyer der Ausstellung „The Story of Berlin"

POLITISCHE DENKMÄLER

Denkmäler sollen den Betrachter über einen unabsehbaren Zeitraum hinweg an ein herausragendes politisches oder historisches Ereignis erinnern. Die Erinnerungszeichen im öffentlichen Raum sind in den unterschiedlichsten Formen gestaltet: Gebäude, Monumente, Stelen, Statuen. Die meisten Berliner Denkmäler stammen aus dem 19. und 20. Jahrhundert.

22 Brandenburger Tor

→ *Pariser Platz, 10117 Berlin,*
Ⓢ *Unter den Linden*

Es ist das berühmteste Wahrzeichen Berlins und der gesamten Bundesrepublik Deutschland. Das 20 Meter hohe und 65 Meter breite Brandenburger Tor gilt als Symbol sowohl für die Teilung als auch für die Wiedervereinigung beider deutscher Staaten. Das Portal wurde 1791 von dem preußischen Baumeister Carl Gotthard Langhans in der Berliner Stadtmauer errichtet. Johann Gottfried Schadow schuf obenauf die Quadriga mit der Siegesgöttin Victoria. Diese wurde 1806 auf Befehl von Napoleon nach Paris verbracht. Generalfeldmarschall Blücher holte sie 1814 nach seinem Sieg über den französischen Kaiser nach Berlin

> *„Die deutsche Frage bleibt offen, solange das Brandenburger Tor geschlossen ist."* (Richard von Weizsäcker Mitte der 1980er Jahre)

zurück. Kaum war Hitler die Machtübernahme gelungen, marschierten im Januar 1933 erstmals SA-Truppen durch das Tor. Nach dem Zweiten Weltkrieg stand das stark beschädigte Tor inmitten eines Trümmerfeldes. Von da an wehte oben die sowjetische Fahne. Während des Volksaufstandes in der DDR am 17. Juni 1953 wurde sie von Demonstranten heruntergerissen und durch die schwarz-rotgoldene Flagge ausgetauscht. Seit 1961 lag das Brandenburger Tor 28 Jahre im „Todesstreifen". Von der Westseite aus beschwor US-Präsident Ronald Reagan am 12. Juni 1987 den sowjetischen Staatschef Michail Gorbatschow, die Berliner Mauer einzureißen. Nach der Maueröffnung am 9. November 1989 strömten Tausende aus Ost und West zum Brandenburger Tor. Viele von

„Mr. Gorbatschow, open this gate!", Ronald Reagan und Helmut Kohl vor dem Brandenburger Tor, 1987

Maschinengewehr auf dem Dach des Brandenburger Tores während des Spartakusaufstandes (6. – 15. 1. 1919)

ihnen erklommen von beiden Seiten die dortige Mauer. In der Silvesternacht 1989/90 erkletterten feiernde Menschen das Tor, wobei die Siegesgöttin in Mitleidenschaft gezogen wurde. Die Enthüllung des restaurierten Tores fand am 3. Oktober 2002 statt. Danach entschied der Berliner Senat, das deutsche Symbol für den Autoverkehr geschlossen zu halten.

23 Denkmal Bücherverbrennung
→ Bebelplatz, 10117 Berlin,
🇺 Hausvogteiplatz

Am 10. Mai 1933 zogen unter der Führung von Propagandaminister Joseph Goebbels Studenten in SA-Uniformen zum Opernplatz, heute Bebelplatz, und übergaben 20.000 Schriften zahlreicher „undeutscher" Schriftsteller, Publizisten, Wissenschaftler und Philosophen den Flammen. Zu ihnen gehörten u. a. Heinrich und Thomas Mann, Heinrich Heine, Karl May, Kurt Tucholsky, Karl Marx, Erich Kästner, Bertolt Brecht, Albert Einstein und Siegmund Freud. Goebbels veröffentlichte danach immer wieder Listen mit Autoren, deren Werke aus Büchereien und Buchhandlungen entfernt werden mussten. Seit 1995 erinnert in der Mitte des Platzes, gleich neben der Staatsoper, das Denkmal „Versunkene Bibliothek" von Micha Ullmann an die Bücherverbrennung. Bei dem Mahnmal handelt es sich um einen in den Boden eingelassenen 50 m² großen Raum mit leeren Regalen. Durch eine Glasscheibe kann in diesen Gedenkraum hineingesehen werden. Wenige Meter davor befindet sich eine Gedenktafel mit einem Zitat von Heinrich Heine aus dem Jahr 1820: „Das war ein Vorspiel. Nur dort wo man Bücher verbrennt, verbrennt man am Ende auch Menschen."

24 Denkmal für die ermordeten Juden Europas
→ Ebertstraße, 10117 Berlin, 🇸 Unter den Linden, 🇸 🇺 Potsdamer Platz

Der Deutsche Bundestag beschloss im Jahr 1999, in unmittelbarer Nähe des Brandenburger Tors ein Denkmal für die bis zu sechs Millionen von den Nationalsozialisten ermordeten Juden errichten zu lassen. Am 10. Mai 2005 wurde das Holocaust-Mahnmal, nach einem Entwurf des New Yorker Architekten Peter Eisenman, im Beisein von Bundestagspräsident Wolfgang Thierse feierlich eingeweiht. Das 19.000 m² große Gelände wird von 2.711 Betonstelen bedeckt, die in einem unregelmäßigen Raster ange-

„Holocaust-Mahnmal", im Hintergrund die Silhouette des Potsdamer Platzes

Bücherverbrennung auf dem Opernplatz am 10. 5. 1933

Denkmal Bücherverbrennung

legt sind und somit auf den Betrachter wie Wellen wirken. Ein unterirdischer „Ort der Information" mit angeschlossenem Buchladen ergänzt das Denkmal. Hier versucht eine Ausstellung, durch zahlreiche biographische Angaben auf persönliche Schicksale hinzuweisen. Zu Beginn der Bauarbeiten war man auf eine zwei Meter dicke Betonschicht gestoßen. Dabei handelte es sich um den Privatbunker von Joseph Goebbels. Die Stadtvilla des Propagandaministers hat an dieser Stelle gestanden. Den Vorschlag, den Bunker in das Holocaust-Mahnmal zu integrieren, lehnte die Stadt Berlin ab. Daraufhin wurde er versiegelt und wieder zugeschüttet. Jährlich kommen rund drei Millionen Besucher hierher.

> *„Dieses Denkmal – mit dem Ort der Information – kann uns Heutigen und den nachfolgenden Generationen ermöglichen, mit dem Kopf und dem Herzen sich dem unbegreiflich Geschehenen zu stellen."* (Bundestagspräsident Wolfgang Thierse bei der Einweihung des Holocaust-Mahnmals)

25 Denkmal „Sinkende Mauer"
→ *Invalidenplatz, 10115 Berlin,* 🅄 *Zinnowitzer Straße,* 🅂 *Hauptbahnhof*

Der Invalidenpark in Berlin-Mitte wurde 1843 von Peter Joseph Lenné entworfen und sollte den Kriegsinvaliden zur Erholung dienen. An diesem Ort entstand im Jahr 1895 die Gnadenkirche, die im Zweiten Weltkrieg zerstört und 1967 abgetragen wurde. Nach dem Krieg und dem Mauerbau blieb das Areal ungenutzt. Der Invalidenpark wurde von 1996 bis 1998 wiederhergerichtet. Eingerahmt wird der Park vom Bundesverkehrsministerium und dem Bundeswirtschaftsministerium. Mittelpunkt der Anlage bildet die von Christophe Girot erschaffene Brunnenanlage „Sinkende Mauer". Aus einem 50 mal 62 Meter großen Wasserbecken ragt schräg eine Wand empor, an der im Sommer Wasser herabfließt. Das begehbare Denkmal soll sowohl an die ehemalige Gnadenkirche als auch an das „Verschwinden" der Berliner Mauer erinnern. Unmittelbar daneben befand sich der Grenzübergang Invalidenstraße, wo in der Nacht vom 9. zum 10. November 1989 die Mauer geöffnet wurde.

26 East Side Gallery
→ *Mühlenstraße, 10243 Berlin,* 🅂 🅄 *Warschauer Straße,* 🅂 *Ostbahnhof*

Das zweifelsohne berühmteste Bild der East Side Gallery zeigt den innigen Bruderkuss von Erich Honecker und dem sowjetischen Staatschef Leonid Breschnew. Am Ufer der Spree gelegen, zwischen Ostbahnhof und Oberbaumbrücke, befindet sich das mit 1,3 Kilometern längste noch erhaltene Stück der Berliner Hinterlandmauer. Das graue Mauerwerk wurde kurz nach der Grenzöffnung von 118 Künstlern aus 21 Ländern bunt gestaltet. Seit 1992 steht die Open-Air-Galerie unter Denkmalschutz. Die 1996 gegründete Künstlerinitiative East Side Gallery e.V. erhält und saniert mit Hilfe privater Spenden die von der Witterung angegriffene Mauer.

„Ort der Information"

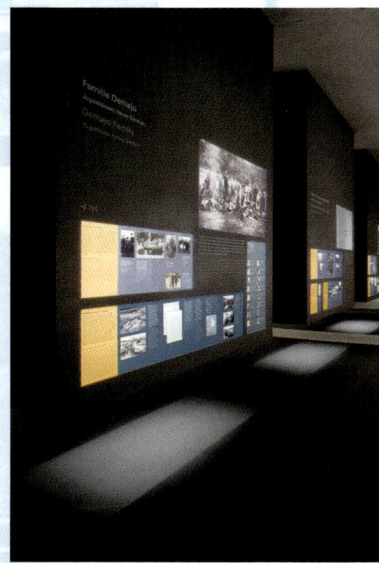

27 Gedenkort „Weiße Kreuze"
→ *Reichstagufer, 10117 Berlin,*
Ⓢ *Unter den Linden*

Hinter dem Ostportal des Reichstagsgebäudes verlief einst die Grenze zwischen Ost- und West-Berlin. Ein schma-
ler Streifen markiert heute den
Mauerverlauf. Ab dem Jahr 1971 wurden
an dieser Stelle weiße Kreuze zum Gedenken an die Mauertoten errichtet. Der
erste Tote war im August 1961 Günter
Litfin. Das letzte Opfer, Chris Gueffroy,
wurde im Februar 1989 wenige Monate
vor dem Mauerfall erschossen. Nach
der Wiedervereinigung kamen die
Kreuze aufgrund der Umgestaltung des
Friedrich-Ebert-Platzes an einen provi-
sorischen Standort, Ecke Ebert- und
Scheidemannstraße; 2003 kehrten sie
ans Spreeufer zurück und wurden im
Beisein des Bundestagspräsidenten
Wolfgang Thierse und des Regierenden
Bürgermeisters Klaus Wowereit offiziell
eingeweiht. Da sich die weißen Kreuze
ebenfalls noch am Übergangsort befinden, kann innerhalb weniger Meter an
zwei Orten der Toten gedacht werden.
Des Weiteren erinnert ein Gedenkstein
an der Sandkrugbrücke an Günter Litfin.
Am Britzer Verbindungskanal steht seit
2003 am Ort seines Todes ein Mahnmal
zu Ehren von Chris Gueffroy. Eine Ge-
denksäule in der Zimmerstraße erinnert
an Peter Fechner, der an dieser Stelle
am 17. August 1962 erschossen wurde.
Insgesamt kamen an der 155 Kilometer
langen Berliner Mauer mindestens 125
Menschen ums Leben.

28 Gedenkstätte der Sozialisten, Städtischer Zentralfriedhof Fried-richsfelde
→ *Gudrunstraße 20, 10365 Berlin,*
Ⓢ Ⓤ *Lichtenberg*

Der 1881 gegründete Zentralfriedhof
Friedrichsfelde in Berlin-Lichtenberg ist
einer der bekanntesten Friedhöfe der
Stadt. Hier befindet sich die Gedenkstätte der Sozialisten, eine Begräbnis-
stätte für viele bekannte sozialdemokratische, sozialistische und kommunistische Politiker und Aktivisten. Die
Gründer der KPD, Rosa Luxemburg und
Karl Liebknecht, fanden hier ihre letzte
Ruhe. Für ihre Bestattung hatte man
den toten Kommunisten einen Platz in
der sogenannten „Verbrecherecke" des
Zentralfriedhofs zugewiesen. 1926 ent-
warf der Architekt Mies van der Rohe ihnen zu Ehren ein Mahnmal, welches die
Nazis 1935 zerstörten. Unter dem starken Einfluss des ersten Präsidenten der
DDR, Wilhelm Pieck, wurde die Gedenkstätte der Sozialisten geplant und 1951

Kreuze für die Mauertoten am Friedrich-Ebert-Platz. Im Hintergrund das Marie-Elisabeth-Lüders-Haus

Denkmal „Sinkende Mauer" in der Nähe des Hauptbahnhofs

Bruderkuss zwischen Breschnew und Honecker als Graffiti an der East Side Gallery

Gedenkstätte der Sozialisten. Im Vordergrund rechts Stasi-Chef Erich Mielke mit Genossen (1985)

Gedächtniskirche am Kurfürstendamm

nahe dem Haupteingang des Friedhofs eingeweiht. Mittelpunkt ist ein großer Gedenkstein mit der Aufschrift „Die Toten mahnen uns". Um den Stein herum befinden sich die Grabstätten von Rosa Luxemburg, Karl Liebknecht, Ernst Thälmann, Wilhelm Pieck, Otto Grotewohl und Walter Ulbricht. Etwas weiter entfernt ruht anonym der letzte Stasi-Chef Erich Mielke. Der langjährige Chefspion der DDR, Markus Wolf, fand auf

diesem Friedhof ebenfalls seine letzte Ruhestätte. Seit 2006 erinnert ein Gedenkstein auch an die Opfer des Stalinismus. Eine Dauerausstellung informiert im Wartebereich an der ehemaligen Polizeiloge über die Geschichte des Friedhofs und die Gedenkstätte.

29 Kaiser-Wilhelm-Gedächtniskirche
→ *Breitscheidplatz, 10789 Berlin,*
Ⓢ Ⓤ *Zoologischer Garten*

Die weltweit bekannte Gedächtniskirche am Kurfürstendamm ist ein Mahnmal für Frieden und Versöhnung. Bei der evangelischen Kirche handelt es sich um ein Ensemble aus der Kirchenruine und den sie umgebenden modernen Bauten. Das Gotteshaus entstand 1891 bis 1895 zu Ehren von Kaiser Wilhelm I. Der Hauptturm war mit 113 Metern der höchste der Stadt. 1943 wurde die Kirche bei einem Bombenangriff zerstört. Die Ruine blieb als Mahnmal gegen den Bombenkrieg stehen und war während der deutschen Teilung das Wahrzeichen West-Berlins. Nach einem Teilabriss ließ von 1959 bis 1963 Egon Eiermann die Reste des Bauwerks mit einem Turm und Kirchenraum aus blaugetönten Glas-

Auguste-Viktoria-Platz in den 1920er Jahren mit der Kaiser-Wilhelm-Gedächtniskirche

bausteinen ergänzen. Die Eingangshalle der alten Kirche fungiert als Gedenkhalle. In ihr befindet sich als Zeichen der Versöhnung das Nagelkreuz der Kathedrale von Coventry, welche im Zweiten Weltkrieg durch deutschen Luftangriffen zerstört wurde.

30 Luftbrückendenkmal am Flughafen Tempelhof

→ *Platz der Luftbrücke, 12101 Berlin,*
Ⓤ *Platz der Luftbrücke*

Seit 1951 erinnert am Platz der Luftbrücke ein 20 Meter hohes Denkmal aus Stahlbeton an die Versorgung der West-Berliner Bevölkerung durch die Westalliierten während der Berlin-Blockade 1948/49. Oben auf dem von Eduard Ludwig geschaffenen Werk ragen drei Rippen in den Himmel. Sie symbolisieren die Luftkorridore, über welche die Versorgung West-Berlins gewährleistet wurde. Nachdem die Alliierten in den westlichen Besatzungszonen und in den Westsektoren Berlins im Mai 1948 die Währungsreform durchgeführt hatten, nahm dies die Sowjetunion zum Anlass, alle Personen- und Gütertransportwege von und nach West-Berlin zu unterbrechen. Die Berlin-Blockade sollte die 8.000 Soldaten der Westalliierten und ihre 22.000 Angehörigen zum Abzug aus Berlin bewegen. Am 26. Juni starteten die Amerikaner die „Berliner Luftbrücke" und flogen die ersten 80 Tonnen Lebensmittel aus Frankfurt am Main in Berlin-Tempelhof ein. Hier starteten und landeten die Hilfsflugzeuge zeitweise im 90-Sekunden-Takt. Bis zum Ende der Blockade im Mai 1949 versorgten fast 270.000 Flüge die West-Berliner mit 2,3 Millionen Tonnen Nahrung, Medikamenten und Brennstoffen. Die Luftbrücke führte zu einer Wende im Verhältnis zwischen West-Berlinern und den westlichen Alliierten. Aus Besatzungsmächten wurden „Schutzmächte". Zu Füßen des Denkmals befindet sich eine Bronzeplatte mit der Inschrift: „Sie gaben ihr Leben für die Freiheit Berlins im Dienste der Luftbrücke 1948/49". Des Weiteren sind die Namen der 78 Todesopfer der Hilfsaktion aufgelistet. Auf dem Frankfurter Flughafen befindet sich seit 1985 der zweite Teil des Denkmals.

> *„Wir können alles jederzeit überallhin transportieren."* (General Lucius D. Clay auf die Frage zur Durchführbarkeit der Luftbrücke)

Luftbrückendenkmal in Tempelhof

Lucius D. Clay (1897 – 1978)

Schinkels Neue Wache, Aquarell von F. A. Calau, um 1825

31 Neue Wache

→ *Unter den Linden 4, 10117 Berlin,*
Ⓢ Ⓤ *Friedrichstraße*

Die Neue Wache ist seit 1993 die zentrale Gedenkstätte der Bundesrepublik für die Opfer von Krieg und Gewaltherrschaft. Innen steht eine Nachbildung der „Pieta" von Käthe Kollwitz. Der von Karl Friedrich Schinkel entworfene und von 1816 bis 1818 errichtete Bau diente bis 1918 der königlichen Wache sowie als Gedenkstätte für die Gefallenen der Befreiungskriege. In den 1920er Jahren gestaltete man den Ort zu einer Gedenkhalle für die Toten des Ersten Weltkrieges um. Unter den Nationalsozialisten wurde das Bauwerk zur Ruhmeshalle der „heldenhaften Toten". Zu DDR-Zeiten war der Schinkelbau ab 1959 ein „Mahnmal für die Opfer von Faschismus und Militarismus". Vor dem Eingang stand stets ein Doppelposten des NVA-Wachregiments „Friedrich Engels".

32 Parlament der Bäume gegen Krieg und Gewalt

→ *Schiffbauerdamm, 10117 Berlin,*
Ⓢ Ⓤ *Friedrichstraße*

Am Ufer der Spree, direkt neben dem Marie-Elisabeth-Lüders-Haus und schräg gegenüber dem Reichstags-

gebäude, befindet sich das von Ben Wargin konzipierte Denkmal „Parlament der Bäume gegen Krieg und Gewalt". Auf einer Grünfläche stehen verschiedene Bäume aus den 16 Bundesländern. Neben bemalten Resten der Hinterlandmauer stehen auf großformatigen Granitplatten die Namen von Mauertoten.

33 Siegessäule

→ *Straße des 17. Juni / Großer Stern,*
10557 Berlin, Ⓢ *Bellevue*

Nach 285 Stufen hat man die Aussichtsplattform erreicht. Die fast 70 Meter hohe Siegessäule wurde im Jahr 1873 von Heinrich Strack zur Erinnerung an die preußischen Feldzüge gegen Dänemark (1864), Österreich (1866) und Frankreich (1870/71) errichtet. Die Siegesgöttin Victoria, auch „Goldelse" genannt, stammt von Friedrich Drake. Aus einer Einbuchtung im Park heraus, unweit des Verkehrskreisels, lugt in preußischer Haltung der Eiserne Reichskanzler Bismarck samt Pickelhaube und Säbel hervor. In kleinen Nischen rechts und links neben ihm stehen seine beiden obersten Militärs. Für die Nationalsozialisten war das Siegeskunstwerk in Anbetracht des Erfolges nicht hoch genug und auch nicht am richtigen Ort. Im Rahmen der geplanten Umgestaltung

Soldaten der Nationalen Volksarmee der DDR bei der Wachablösung vor der Neuen Wache Unter den Linden 1987

Parlament der Bäume in der Nähe des Reichstagsgebäudes

Straße des 17. Juni als „Partymeile" anlässlich der Loveparade 1999

Berlins zur „Reichshauptstadt Germania" verlagerten sie vor dem Zweiten Weltkrieg die Säule von ihrem ehemaligen Platz vor dem Reichstag hierher und verlängerten sie gleich noch um etliche Meter. Rund um die Säule wurden eroberte Kanonenrohre aus den früheren Kriegen angeordnet.

34 Sowjetisches Ehrenmal Tiergarten
→ Straße des 17. Juni, 10557 Berlin,
Ⓢ Unter den Linden

Im Tiergarten wurde wenige Monate nach Ende des Zweiten Weltkrieges am 11. November 1945 auf Befehl der Roten Armee von deutschen Arbeitskräften das erste sowjetische Ehrenmal errichtet. Beim Bau des Monuments verwendete man Granit und Marmor aus der zerstörten Neuen Reichskanzlei Hitlers. Am Zugang zum Ehrenmal, welches in unmittelbarer Nähe des Brandenburger Tores und des Reichstagsgebäudes liegt, stehen zwei sowjetische T-34-Panzer sowie zwei Kanonen Spalier, die beim Kampf um Berlin eingesetzt worden waren. Kernstück der Anlage sind die Kolonnaden, auf deren Pfeilern Namen gefallener Rotarmisten geschrieben sind. Der Pfeiler in der Mitte trägt einen acht Meter hohen Bronzesolda-

Rotarmist mit Kind im Treptower Park

ten, der als Symbol des Kriegsendes sein Gewehr über die Schulter gehängt hat. Seine linke Hand hält er über die gefallenen Kameraden ausgesteckt. Im hinteren Teil der Gedenkanlage befinden sich Gräber von fast 2.500 gefallenen Soldaten der Sowjetarmee. Während des Kalten Krieges lag das Ehrenmal in der britischen Besatzungszone und bot immer wieder Konfliktpunkte, da es unter sowjetischer Kontrolle stand und rund um die Uhr bewacht wurde.

35 Sowjetisches Ehrenmal Treptow
→ Treptower Park, 12435 Berlin,
Ⓢ Treptower Park

Inmitten des Treptower Parks befindet sich das größte sowjetische Ehrenmal Deutschlands. An der Schlacht um Berlin waren 2,5 Millionen Soldaten der sowjetischen Armee beteiligt. 5.000 der gefallenen Rotarmisten fanden in der Ehrenanlage ihre letzte Ruhestätte. Sie wurde 1946 als „Symbol des Sieges der ruhmreichen Sowjetarmee über den Hitlerfaschismus" eingeweiht. Ein Teil der 40.000 Kubikmeter Granit, die für die Anlage verwendet wurden, stammt aus der Ruine von Adolf Hitlers Neuer Reichskanzlei. Zentraler Punkt des Gedenkortes ist ein Mausoleum, auf dem ein 12 Meter hoher und 70 Tonnen schwerer Rotarmist aus Bronze mit gesenktem Schwert steht. Während er in einem Arm schützend ein deutsches Kind hält, steht er mit seinen Stiefeln auf einem zerstörten Hakenkreuz. Das Kind soll das unschuldige deutsche Volk symbolisieren, welches nun unter dem Schutz der Retter in eine bessere Zukunft blicken kann. Der Treptower Park, welcher direkt an der Spree gelegen ist, wurde von 1876 bis 1888 nach Plänen des städtischen Gartendirektors Gustav Meyer gestaltet und gehört zu den traditionsreichsten Ausflugszielen der Berliner. 1919 kamen im Park Tausende streikende Arbeiter unter Rosa Luxemburg und Karl Liebknecht zusammen.

Sowjetische Panzerbesatzung auf der Charlottenburger Chaussee vor der Siegessäule

Siegessäule

Sowjetsoldat und US-Militär vor dem Denkmal im Tiergarten

Sowjetisches Ehrenmal im Tiergarten

SONSTIGE KULTUREINRICHTUNGEN

Neben den Museen, Gedenkstätten und Denkmälern gibt es in Berlin weitere kulturelle Orte, die mit einer interessanten politischen Geschichte verbunden sind. Einige von ihnen sind heute noch wichtige Kulturstätten. Alle diese Einrichtungen verbinden politische Vergangenheit und gegenwärtige Kultur.

36 Berliner Ensemble – Theater am Schiffbauerdamm

→ *Bertolt-Brecht-Platz 1, 10117 Berlin,*
Ⓢ Ⓤ *Friedrichstraße*

Der internationale Durchbruch gelang dem Dramatiker Bertolt Brecht im Jahr 1928 mit seiner gesellschaftskritischen „Dreigroschenoper". Nach seiner Flucht vor den Nazis kehrte Brecht im Jahr 1948 nach Ost-Berlin zurück und gründete mit seiner Frau Helene Weigel das Berliner Ensemble, das damals im Deutschen Theater untergebracht war und in dem 1949 das Stück „Mutter Courage und ihre Kinder" Premiere hatte. Das Berliner Ensemble zog 1954 in das Theater am Schiffbauerdamm um. 1956 starb Brecht an den Folgen eines Herz-

„Wer gegen Politik ist, ist für die Politik, die mit ihm gemacht wird."
(Bertolt Brecht)

infarkts. Nur einige hundert Meter weiter in der Chausseestraße steht heute noch das Brecht-Haus, in dem er und seine Frau wohnten und arbeiteten. Seit 1992 befindet sich in dem Haus ein Literaturforum. Die Grabstätten von Brecht und Weigel liegen nur wenige Schritte entfernt auf dem Dorotheenstädtischen Friedhof neben weiteren berühmten Persönlichkeiten wie Karl Friedrich Schinkel, Heinrich Mann und Heiner Müller. Der im Jahr 2006 verstorbene ehemalige Bundespräsident Johannes Rau wurde ebenfalls auf diesem Friedhof beigesetzt.

37 Der „Tränenpalast", ehem. Grenzabfertigungshalle

→ *Reichstagufer 17, 10117 Berlin,*
Ⓢ Ⓤ *Friedrichstraße*

Nach dem Mauerbau 1961 wurde aus dem Durchgangsbahnhof Friedrichstraße ein Grenzbahnhof. Mit seiner mächtigen Eisenhallenkonstruktion und seinem riesigen Untergeschoss blieb er der einzige Grenzübergang für Fern-, S-, und U-Bahnreisende aus dem Westen. Gleichzeitig war er Endstation für die Ost-Berliner. Man richtete zur Abfertigung der Reisenden direkt am Bahnhof eine Halle mit Sichtsperren, Gängen und fensterlosen Räumen ein. Diese Halle bekam schnell den inoffiziellen Beinamen „Tränenpalast", weil an diesem Ort bei der Verabschiedung von Verwandten und Freunden viele Tränen flossen. In den 1990er Jahren wurde der Tränenpalast teilweise saniert und unter Denkmalschutz gestellt. Bis 2007 fanden im

„Tränenpalast" am Bahnhof Friedrichstraße

ehemaligen Abfertigungsgebäude kulturelle Veranstaltungen wie Konzerte, Kabarett, Comedy, Ausstellungen und Lesungen statt. Inzwischen ist das Areal vom Land Berlin verkauft worden und soll neu bebaut werden.

38 Haus der Kulturen der Welt, ehem. Kongresshalle
→ *John-Foster-Dulles-Allee 10,*
10557 Berlin, Ⓢ *Hauptbahnhof*

Im Volksmund wird sie gerne wegen ihrer sonderbaren Architektur als „Schwangere Auster" bezeichnet. Die Kongresshalle neben dem Bundeskanzleramt wurde 1957 als Beitrag für die Internationale Bauausstellung vom amerikanischen Architekten Hugh Stubbins konzipiert und sollte – als Symbol der deutsch-amerikanischen Verbundenheit – im damaligen West-Berlin dem freien Meinungsaustausch dienen. Am 7. April 1965 tagte an diesem Ort der Deutsche Bundestag, um so den Anspruch der Bundesrepublik auf West-Berlin zu untermauern. Während der Sitzung überflogen alle paar Minuten sowjetische Düsenflieger-Staffeln die Kongresshalle und machten die

Fortführung der Tagung unmöglich, da sie mit lautem Knall die Schallmauer durchbrachen. Wenige Tage später entschieden sich die West-Mächte gegen weitere Sitzungen des Bundestages in West-Berlin. Nur einige Ausschuss-Sitzungen und die Wahl des Bundespräsidenten fanden fortan noch in West-Berlin statt. Wegen eines durchgerosteten Stahlkerns stürzte 1980 das Dach des Gebäudes ein. Bis zur 750-Jahr-Feier Berlins wurde das Gebäude wieder aufgebaut. Seit 1989 ist der Bau als Haus der Kulturen der Welt Veranstaltungsort für Konzerte, Ausstellungen, Filmfeste, Theater- und Tanzvorstellungen.

39 Künstlerhaus Bethanien, ehem. Krankenhaus
→ *Mariannenplatz 2, 10997 Berlin,*
Ⓤ *Kottbusser Tor*

Das Bethanien war einst ein Diakonissen-Krankenhaus, das von 1845 bis 1847 nach Plänen von Theodor Stein im neugotischen Baustil errichtet worden war. Hier arbeitete der Schriftsteller Theodor Fontane als Apotheker. Er schrieb u. a. die Romane „Effi Briest" und „Der Stechlin". 1970 wurde die Ein-

Haus der Kulturen der Welt

Berliner Ensemble

Bertolt Brecht und Helene Weigel

Künstlerhaus Bethanien

Künstlerhaus Tacheles

richtung geschlossen. Ein Abriss konnte durch eine Bürgerinitiative abgewendet werden, und der Komplex wurde unter Denkmalschutz gestellt. Der Berliner Senat beschloss 1973, im Hauptgebäude das Künstlerhaus Bethanien einzurichten. Heute sind in dem Haus über 20 kulturelle, künstlerische und soziale Einrichtungen wie Ateliers, eine Druckwerkstatt, Galerieräume und eine Musikschule untergebracht. Außerdem befindet sich hier die einzige türkische Bibliothek Berlins. Im Juni 2005 wurden zwei Etagen im linken Seitenflügel des Bethanien von einer Gruppe ehemaliger Bewohner und Unterstützer der Yorkstraße 59 besetzt, die kurz zuvor nach der Räumung ihres Hauses obdachlos geworden waren. Durch die Besetzung und das Bürgerbegehren der „Initiative Zukunft Bethanien" wurde der Verkauf des Komplexes an einen Privatinvestor verhindert. Zukünftig soll ein internationales kulturelles Gründerzentrum eingerichtet werden.

40 Kunsthaus Tacheles, ehem. Kaufhaus / Zentralbodenamt der SS

→ Oranienburger Straße 54 – 56 a, 10117 Berlin, 🇺 Oranienburger Tor

In der Oranienburger Straße in Berlin-Mitte präsentiert sich dem Betrachter eine ungewöhnliche Ruine. In den Überresten eines ehemaligen Kaufhauses befindet sich ein Kunst- und Veranstaltungszentrum, das Kunsthaus Tacheles, mitsamt Café, Galerien und Ateliers. Das Gebäude wurde 1907/08 unter dem kaiserlichen Baurat Franz Ahrens errichtet und 1909 als Kaufhaus eröffnet. Ab 1928 nutzte die AEG den Komplex. Von Mitte der dreißiger Jahre an beherbergte das Haus die Deutsche Arbeitsfront und das Zentralbodenamt der SS. Während des Zweiten Weltkrieges erlitt der Bau große Schäden, blieb aber in Teilen erhalten. Ab 1948 nutzte ihn der Freie Deutsche Gewerkschaftsbund (FDGB). Aufgrund von Statikgutachten begann in den 1980er Jahren der schrittweise Abriss des Hauses. Im Jahre 1982 wurde der noch vollständig erhaltene Kuppelbau gesprengt und das Kino „Camera" geschlossen. Kurz vor der Sprengung der verbliebenen Bausubstanz besetzte am 13. Februar 1990 die Künstlerinitiative Tacheles die verbliebe-

Theodor Fontane (1819 - 1898)

nen Räume und stellte beim Runden Tisch Berlin einen Dringlichkeitsantrag. Ein erneutes Gutachten verhinderte schließlich die Abrisspläne, und die Ruine wurde unter Denkmalschutz gestellt. Die historischen Fassaden bemalte man bunt, aus dem Schutt der früheren Gebäudeteile entstanden Skulpturen. Das Kino wurde wieder eröffnet und zeigt seitdem selten gespielte Filme. Die Kunstruine in der Oranienburger Straße genießt als Symbol des wiedervereinten Deutschland und des künstlerisch freien Berlin über die Stadtgrenzen hinweg einen internationalen Bekanntheitsgrad.

Plakat „Deutsche Arbeitsfront" (1942)

MEDIEN

Mit dem Zuzug von Parlament, Regierung und Institutionen stieg auch die Bedeutung Berlins als Medienstadt. Aufgrund des wachsenden Einflusses auf die Entscheidungen der Politik werden die Massenmedien – neben Legislative, Exekutive und Judikative – auch als „Vierte Gewalt" bezeichnet. In der Hauptstadt erscheinen sechs Tageszeitungen (Tagesspiegel, Berliner Zeitung, Berliner Morgenpost, B.Z., Bild Berlin und Berliner Kurier); alle großen Nachrichtenagenturen sind hier vor Ort. Die vier großen deutschen TV-Sender ARD, ZDF, Sat.1 und RTL haben inmitten des politischen Machtzentrums ihre Hauptstadtbüros eingerichtet. Hinzu kommen viele regionale und deutschlandweit ausstrahlende Sender wie die öffentlich-rechtlichen Anstalten RBB (ehemals SFB und ORB), Deutsche Welle TV oder Deutschlandradio Kultur. Außerdem berichten viele internationale TV-Anstalten wie z. B. BBC, CNN oder France2 sowie die kleinen Privatsender MTV, VIVA, n-tv, N24, TV.Berlin oder FAB aus der deutschen Hauptstadt.

41 Bundespressekonferenz e.V.
→ *Schiffbauerdamm 40, 10117 Berlin,*
Ⓢ *Hauptbahnhof*

Die Bundespressekonferenz wurde 1949 gegründet und ist keine Einrichtung der Bundesregierung. Sie ist ein eingetragener Verein mit Sitz in Berlin und einer Außenstelle in Bonn. Dem Verein gehören über 900 deutsche Journalisten von Zeitungen, Zeitschriften, Rundfunk- oder Fernsehanstalten und Nachrichtenagenturen an.

Zweck des Vereins ist es, Pressekonferenzen zu veranstalten und seinen Mitgliedern Möglichkeiten einer umfassenden Unterrichtung der Öffentlichkeit zu verschaffen. Zu diesem Zweck finden montags, mittwochs und freitags Pressekonferenzen mit Sprechern der Bun-

Gebäude der Bundespressekonferenz und des Vereins der Ausländischen Presse

desregierung und der 14 Bundesministerien statt. Seit 1951 veranstaltet der Verein jährlich den Bundespresseball, der als wichtigstes gesellschaftliches Ereignis in der Hauptstadt gilt. Tausende Gäste aus Politik, Wirtschaft und Kultur kommen hier zusammen. Das Gebäude der Pressekonferenz wurde von den Architekten Johanne und Gernot Nalbach entworfen. Auch zahlreiche Korrespondenten haben in dem Haus ihre Büroräume. Seine Räumlichkeiten hat hier ebenfalls der Verein der Ausländischen Presse in Deutschland e.V., dem über 400 Journalisten aus 60 Ländern angehören.

> *„Journalismus kann abdanken, wenn er harmlos wird."* (Willy Brandt)

> *„Der geschickte Journalist hat eine Waffe: das Totschweigen – und von dieser Waffe macht er oft genug Gebrauch."* (Kurt Tucholsky, Journalist und Schriftsteller)

42 ARD-Hauptstadtstudio

→ *Wilhelmstraße 67 a, 10117 Berlin,*
Ⓢ Ⓤ *Friedrichstraße,* Ⓢ *Unter den Linden*

Vom Spreeufer aus und in Nähe des Reichstages sendet die ARD ihren „Bericht aus Berlin" in die deutschen Wohnzimmer. Im Jahr 1994 fiel bei dem Sender die Entscheidung, auf diesem unbebauten Grundstück ihre Berliner Sendeanstalt zu errichten. Das von den Architekten Ortner und Ortner geplante ARD-Hauptstadtstudio wurde 1999 eröffnet. Hier produzieren 200 Mitarbeiter, darunter 80 Journalisten, täglich Nachrichten und Kommentare zu politischen Themen rund um den Parlaments- und Regierungssitz. Jährlich besuchen 60.000 Menschen das im ARD-Hauptstadtstudio eingerichtete Infostudio. Dort hat der Besucher die Möglichkeit, in Radio- und Rundfunkprogramme reinzuhören und bei ihrer Entstehung zuzusehen. Außerdem finden hier Lesungen und Veranstaltungen statt. Eine am Gebäude angebrachte Gedenktafel weist daraufhin, dass an jener Stelle bis 1945 das Physikalische Institut der Berliner Universität stand. Der erste Fernschkorrespondent der ARD nahm 1974 – nach Abschluss des Grundlagenvertrags – in Ost Berlin seine Arbeit auf. Anfang 1975 folgte der erste Hörfunkjournalist des Senders. Die Büros befanden sich damals in der Schadowstraße.

ARD-Hauptstadtstudio von der Spreeseite aus

43 ZDF-Hauptstadtstudio, ehem.: Zentralrat der Freien Deutschen Jugend

→ *Unter den Linden 36 – 38, 10117 Berlin,* Ⓢ *Unter den Linden*

Das Zweite Deutsche Fernsehen sitzt im sogenannten Zollernhof an der Straße Unter den Linden. Der Bau wurde 1911 als Wohn- und Geschäftshaus errichtet. Zu Zeiten der DDR war an dieser Stelle die Zentrale der Freien Deutschen Jugend (FDJ) untergebracht. Die einstigen FDJ-Vorsitzenden Erich Honecker und Egon Krenz hatten hier ihre Büros. Ende 1993 wurde der Komplex an die Bauherrengemeinschaft ZDF und VEBA (heute e.on) verkauft. Das ZDF beschäftigt in Berlin 250 feste und 200 freie Mitarbeiter. Im Zollernhof entstehen Sendungen wie das „ZDF-Morgenmagazin", „Frontal 21" oder die Talkrunde „Berlin-Mitte". Falls dort keine Fernsehsendung produziert wird, ist der Innenhof frei zugänglich.

Fahne der Jugendorganisation FDJ

44 Hauptstadtstudios von RTL, n-tv, Reuters, ehem.: Kraftwerk der Berliner Elektrizitätswerke

→ *Schiffbauerdamm 22, 10117 Berlin,* Ⓢ Ⓤ *Friedrichstraße*

Die beiden Fernsehsender RTL und n-tv sowie die Nachrichtenagentur Reuters haben ihre Hauptstadtstudios- und Büros in einem ehemaligen Kraftwerk der Berliner Elektrizitätswerke und in Sichtweite des Reichstages. Das rote Backsteingebäude direkt an der Spree wurde im Jahr 1889 im Stil der gründerzeitlichen Industriearchitektur errichtet. Die Räumlichkeiten des RTL- Studios betragen 300 m², die von Reuters 700 m². Insgesamt bieten die Hallen fast 5.000 m² Mietfläche. Die Nachrichtenagentur Reuters kann auf eine über 150jährige Geschichte zurückblicken. Sie ist weltweit die größte Agentur ihrer Art mit Hauptsitz in London.

45 Hauptstadtstudios von Sat.1, ProSieben, Kabel 1 und N24, ehem.: Konfektionshaus / Geschäftshaus

Oberwallstraße 6 / 7, Jägerstraße 32, 10117 Berlin, Ⓤ *Hausvogteiplatz*

Die Privatsender Sat.1, ProSieben, Kabel Eins und N24 haben ihren Berliner Sitz in einem denkmalgeschütztem Gebäudekomplex in unmittelbarer Nähe des Auswärtigen Amtes. Das Haus in der Oberwallstraße 6/7 wurde im Jahr 1896 durch das Architektenbüro von Albert Bohm errichtet und diente als Kleiderfabrik. 1909 wurde das Gebäude bis an die Jägerstraße erweitert. Das Konfektionshaus war bis zum Jahre 1931 im Besitz der jüdischen Familie Manheimer. Später wurde es u. a. von einem Theaterinstitut genutzt. Das benachbarte Haus an der Jägerstraße 32 wurde in den Jahren 1911/12 von den Architekten Gustav Hart und Alfred Lesser als Geschäftshaus erbaut. Von 1995 bis 1999 gestaltete man es um. Sat.1 hat seit 1995 in dem ehemaligen Geschäftshaus sein Hauptstadtstudio untergebracht. Im Hof dieser Bauten steht ein Neubau, in dem die Technik untergebracht ist.

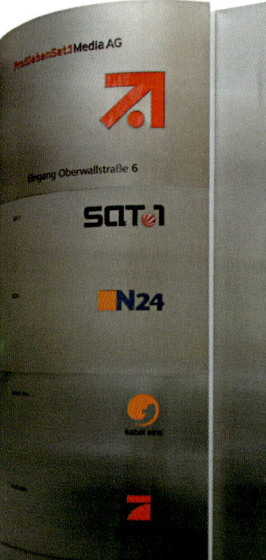

Informationssäule in der Jägerstraße

ZDF-Hauptstadtstudio Unter den Linden

Studiohaus von Sat1, Pro Sieben, Kabel 1

Fokus auf die Bundestagswahl im Reichstagsgebäude

Gebäude des ehemaligen Kraftwerks am Schiffbauerdamm

BILDNACHWEIS

Bei Seiten mit mehreren Abbildungen ist die Zuordnung von oben nach unten und von links nach rechts. Alle aktuellen Fotografien (Aufnahmen 2007/2008), die nicht explizit ausgewiesen sind, wurden von Oliver Boyn aufgenommen. Die nicht ausdrücklich genannten historische Aufnahmen sowie Karten und Illustrationen stammen aus dem Archiv des Verlages. In einigen Fällen konnten die Rechteinhaber nicht ermittelt werden; sollten Rechtsansprüche bestehen, bitten wir um Rücksprache mit dem Verlag.

be.bra Verlag, Berlin: S. 36, 90 o.l.
Berlin Story, Berlin: S. 90 u.
Bildarchiv Preußischer Kulturbesitz, Berlin: S. 13, 15 o., 20, 21 u.l., 24 u., 39 u.l., 54, 76, 93 o., 94, 100 m., 106 m., 115 o., m.r.
Bundesbeauftragte für die Stasi-Unterlagen, Berlin: S. 30 m., 109 u.
Christlich Demokratische Union, Berlin: S. 73 u.r.
Deutscher Bundestag, Berlin: S. 9 (Achim Melde), 15 u.l. (Siegfried Büker), 15 u.r. (Studio Kohlmeier), 123 m.r. (Studio Kohlmeier)
Deutscher Bundesrat, Berlin: S. 16
dpa-Picture Alliance, Frankfurt a.M.: S. 2, 78 u.
Heinrich-Böll-Stiftung, Berlin: S. 78 m.r.
Landesarchiv Berlin, Fotosammlung: S. 6/7, 11 o., 24 o., 51, 62, 69 o., u.r., 105
Märkisches Museum Berlin: S. 103 m.r.
Paul Glaser, Berlin: S. 8, 21 o.r., 48, 61, 65 m., 72, 82 m.r., 88, 98, 113 o., u.
Polizeihistorische Sammlung Berlin: S. 97 o.l.
Ulrike Nießner, Potsdam: S. 33, 60
Stiftung Denkmal für die ermordeten Juden Europas, Berlin: S. 106 o. (Lemke), 107 (Lepkowski)
Christopher Volle, Freiburg: S. 11 u., vordere und hintere Einbandklappe

LITERATUR

Bienert, Michael; Senf, Erhard:
Berlin wird Metropole. Fotografien aus dem Kaiser-Panorama, Berlin 2000.
Dankbar, Christine:
Politische Orte. Wo die Entscheidungen fallen: Vom Café Einstein bis zum Reichstag, Berlin 2004.
Donath, Matthias:
Bunker, Banken, Reichskanzlei. Architekturführer Berlin 1933 – 1945, Berlin 2005.
Deutscher Bundestag:
Einblicke. Ein Rundgang durchs Parlamentsviertel, Berlin 2005.
Englert, Kerstin; Tietz, Jürgen (Hg.):
Botschaften in Berlin, Berlin 2004.
Görtemaker, Manfred:
Orte der Demokratie. Ein historisch-politischer Wegweiser durch Berlin, Berlin 2005.
Hertle, Hans-Hermann:
Die Berliner Mauer – Monument des Kalten Krieges, Berlin 2007.
Jander, Martin:
Berlin (DDR). Ein politischer Stadtspaziergang, Berlin 2003
Kaminsky, Anne (Hg.):
Orte des Erinnerns. Gedenkzeichen, Gedenkstätten und Museen zur Diktatur in SBZ und DDR, Berlin 2007.
Maik Kopleck:
Berlin 1933 – 1945. Stadtführer zu den Spuren der Vergangenheit, Berlin 2004.
Presse- und Informationsamt des Landes Berlin:
Berlin Handbuch. Das Lexikon der Bundeshauptstadt, Berlin 1992.
Schoeps, Julius H.:
Berlin. Geschichte einer Stadt, Berlin 2001.
Wagner, Volker:
Regierungsbauten in Berlin. Geschichte, Politik, Architektur, Berlin 2001.
Wörner, Martin; Mollenschott, Doris; Hüter, Karl-Heinz; Siegel, Paul:
Architekturführer Berlin, Berlin 2001.

OLIVER BOYN

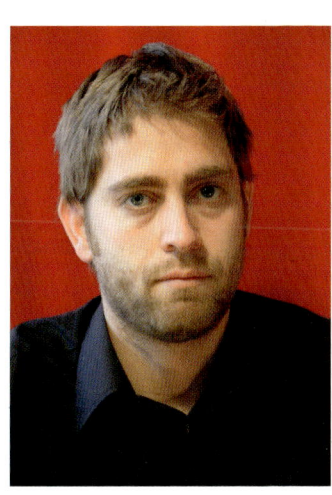

Jahrgang 1972; 1993–2000 Studium der Politikwissenschaft, Geschichte und Geographie an der Carl-von-Ossietzky-Universität in Oldenburg; lebt seit 2001 in Berlin; 2002–2004 Mitarbeiter bei der Stiftung zur Aufarbeitung der SED-Diktatur; neben seiner Tätigkeit als Autor engagiert er sich für die Interessengemeinschaft Historische Friedhöfe Berlin.

Mein Dank gilt Ylva, Elin, Ivar Eskil und Dieter Boyn.

EBENFALLS IM CH. LINKS VERLAG ERSCHIENEN

Maik Kopleck
Berlin 1933–1945
Stadtführer zu den Spuren
der Vergangenheit

96 Seiten
178 Abbildungen
Klappenbroschur
ISBN: 978-3-86153-326-9
12,90 €; 13,30 € (A); 24,00 sFr (UVP)

Hans-Hermann Hertle
Die Berliner Mauer –
Monument des Kalten Krieges
The Berlin Wall –
Monument of the Cold War

184 Seiten
345 Abbildungen
Broschur
ISBN: 978-3-86153-463-1
19,90 €; 20,50 € (A); 35,90 sFr (UVP)

N

Flughafen Berlin-Tegel

A105

Kurt-Schuhmacher-Damm

VOLKSPARK
REHBERGE

Saatwinkler Damm

JUNGFERNHEIDE

A111

Heckerdamm

A100

Siemensdamm

Sickingenstr.

Beusselstr.

Tegeler Weg

A100

Kaiserin-Augusta-Allee

SCHLOSSPARK
CHARLOTTENBURG

Otto-Suhr-Allee

Franklinstr.

Messedamm

Ernst-Reuter-Platz

WESTEND

Kaiserdamm

Bismarckstr.

Hardenbergstr.

CHARLOTTENBURG

Kantstr.

Funkturm

S DB

Charlotten-
burg

Westkreutz

Kurfürstendamm

21

Messe Süd

A115

A100

21

WILMERSDORF

Hohenzollerndamm

Hohenzollerndamm

VOLKSPARK WILMERSDORF